Noveller på Estniska

Korta berättelser på Estniska för nybörjare och elever på mellanstadiet

Christopher Tamm

greenthumbpublishing@gmail.com

Innehåll

Introduktion

Att läsa på ett främmande språk är ett av de mest effektiva sätten att förbättra språkkunskaperna och utöka ordförrådet. Det kan dock ibland vara svårt att hitta engagerande läsmaterial på en lämplig nivå som ger en känsla av prestation och framsteg. De flesta böcker och artiklar som är skrivna för modersmålstalare kan vara för långa och svåra att förstå eller ha ett ordförråd på mycket hög nivå så att du känner dig överväldigad och ger upp. Om dessa problem låter bekanta är den här boken något för dig!

Noveller på Estniska är en samling av 25 okonventionella och underhållande noveller som är utformade för att hjälpa nybörjare och elever på mellannivå Estniska att förbättra sina språkkunskaper.

Dessa noveller skapar en stödjande läsmiljö genom att innehålla:

- Ett rikt språkligt innehåll i olika genrer som underhåller dig och ger dig en mängd olika ordformer.
- Kortare berättelser i kapitel för att ge dig nöjet att avsluta berättelser och göra snabba framsteg.
- Texter som är skrivna på din nivå så att de är lättare att förstå och inte överväldigande.
- Svensk översättning på växlande sidor, så att du kan läsa den rad för rad när du läser berättelsen Estniska.
- Nyckelord är tryckta i fetstil i berättelsen och översättningen för att hjälpa dig att lättare förstå okända ord.
- Förståelsefrågor för att testa din förståelse av viktiga händelser och för att uppmuntra dig att läsa mer i detalj.

Oavsett om du vill utöka ditt ordförråd, förbättra din förståelse eller bara läsa för skojs skull är den här boken det största steget framåt du kan ta i dina studier i år. Noveller på Estniska ger dig allt stöd du behöver, så luta dig tillbaka, slappna av och låt fantasin flöda när du förflyttas till en magisk värld av äventyr, mysterier och intriger - på Estniska!

Hur du använder den här boken

Läsning är en svår talang att bemästra. Vi använder en rad mikrofärdigheter för att hjälpa oss att läsa på våra modersmål. Vi kan till exempel skumma ett avsnitt för att få en grov förståelse, eller en kontentan, av vad det handlar om. Vi kan också kamma igenom många sidor i en tågplan för att hitta en viss tid eller plats. Medan dessa mikrofärdigheter är en självklarhet när vi läser på våra modersmål, visar forskning att vi ofta glömmer de flesta av dem när vi läser på ett främmande språk. När vi lär oss ett främmande språk börjar vi vanligtvis i början av en text och arbetar oss igenom den och försöker förstå varje enskilt ord. Det är oundvikligt att vi stöter på obekanta eller komplicerade termer och blir irriterade över vår oförmåga att förstå dem.

En av de största fördelarna med att läsa på ett främmande språk är att du får tillgång till ett stort antal fraser och uttryck som används i vardagliga situationer. Extensiv läsning är en term som används för att beskriva läsning för nöjes skull för att lära sig ett språk. Det är inte som att läsa en lärobok, då konversationer eller texter är utformade för att läsas långsamt och noggrant med målet att förstå varje ord. "Intensiv läsning" avser läsning som görs för att uppnå specifika inlärningsmål eller slutföra uppgifter. För att uttrycka det på ett annat sätt: grundlig läsning i läroböcker hjälper vanligtvis till att lära sig grammatiska regler och särskilt ordförråd, men omfattande läsning av berättelser hjälper till att lära sig det naturliga språket.

Noveller på Estniska ger dig möjligheter att lära dig mer

om det naturliga Estniska språket i bruk, även om du kanske har börjat din språkinlärningsresa med enbart läroböcker. Här är några tips att tänka på när du läser berättelserna i den här boken för att få ut så mycket som möjligt av dem: När det gäller läsning är nöje och en känsla av att ha uppnått något avgörande. Du fortsätter att komma tillbaka för mer eftersom du tycker om det du läser. Att läsa varje berättelse från början till slut är den bästa metoden för att njuta av att läsa berättelser och känna sig fulländad. Följaktligen är det mest avgörande att komma till slutet av en berättelse. Det är faktiskt mer avgörande än att kunna varje enskilt ord.

Ju mer du läser, desto mer kunskap får du. Om du läser större böcker för nöjes skull kommer du snabbt att få kunskap om hur Estniska fungerar. Tänk dock på att för att få alla fördelar av omfattande läsning måste du först läsa en tillräckligt stor volym. Om du läser några sidor här och där kan du kanske lära dig några nya ord, men det kommer inte att göra någon större skillnad i din totala nivå av Estniska.

Acceptera att du inte kommer att förstå allt du läser i en roman. Detta är utan tvekan den viktigaste punkten! Kom alltid ihåg att det är helt acceptabelt att inte förstå alla ord eller meningar. Det innebär inte att dina språkkunskaper är otillräckliga eller att du presterar dåligt. Det tyder på att du aktivt deltar i inlärningsprocessen.

Läsguide

För att få ut så mycket som möjligt av att läsa Noveller på Estniska är det bäst om du följer denna enkla läsprocess i sex steg för varje kapitel i berättelserna:

1. Läs kapitlets titel. Tänk på vad berättelsen kan handla om. Läs sedan berättelsen hela vägen igenom. Ditt mål är helt enkelt att nå slutet av berättelsen. Stanna därför inte upp för att slå upp ord och oroa dig inte om det finns saker som du inte förstår. Försök helt enkelt att följa handlingen.

2. När du når slutet av berättelsen ska du skanna den svenska översättningen för att se om du har förstått vad som har hänt och ta upp eventuella sammanhang som du kan ha missat.

3. Gå tillbaka och läs samma berättelse igen. Om du vill kan du fokusera mer på berättelsens detaljer än tidigare, men annars är det bara att läsa igenom den en gång till.

4. Arbeta sedan igenom förståelsefrågorna i Estniska för att kontrollera din förståelse av viktiga händelser i berättelsen. Om du inte förstår frågorna helt och hållet ska du inte oroa dig. Använd dina kunskaper för att svara så gott du kan.

5. Vid det här laget bör du ha en viss förståelse för de viktigaste händelserna i kapitlet. Om inte kan du läsa om kapitlet några gånger med hjälp av översättningen för att kontrollera okända ord och fraser tills du känner dig säker.

När du är redo och säker på att du förstår vad som har

hänt - oavsett om det är efter en eller flera läsningar av berättelsen - går du vidare till nästa berättelse och fortsätter att njuta av berättelsen i din egen takt, precis som du skulle göra med vilken annan bok som helst.

Först när du har avslutat en berättelse i sin helhet bör du överväga att gå tillbaka och studera berättelsespråket mer ingående om du vill. Eller i stället för att oroa dig för att förstå allt, ta dig tid att fokusera på allt du har förstått och gratulera dig själv till allt du har gjort.

Noveller på Estniska

Christopher Tamm

Tallinn

Tallinna linn on ilus koht. Tänavaid ääristavad **puud** ja hooned on kõik halli, valge ja musta eri toonides. See on rahulik linn, kuid õhus on tunda pinget. Sõja algusest on möödas kaks aastat. Kaks aastat on möödunud sellest, kui **pommid** hakkasid Tallinnale langema. Siinsed inimesed on õppinud sellega elama, kuid nad ei saa jätta mõtlemata, millal tuleb nende kord. Täna õhtul, nagu tavaliselt, on kõik oma kodudes kokku tõmbunud ja ootavad pommitamise algust. Aga täna on **teisiti**. Täna on õhus kummaline vaikus. Ükski lennuk ei lenda pea kohal ja ükski pomm ei lange taevast.

Järgmisel hommikul astuvad tallinlased ettevaatlikult välja. Tänavad on tühjad ja õhus valitseb õudne vaikus. Keegi ei tea, mida sellest arvata. Aeglaselt hakkavad **inimesed** oma kodudest välja tulema ja linna **avastama.** Nad leiavad, et kõik hooned on endiselt püsti ja kuskil ei ole mingeid kahjustusi. Nagu polekski sõda siin kunagi toimunud. Elanike seas hakkab kasvama lootus, kui kogu Tallinnas levib kuuldus, et linn on säästetud. Võib-olla tähendab see, et **sõda** on lõpuks ometi lõppenud? Võib-olla saavad nad lõpuks ometi hakata oma elu uuesti üles ehitama? Kuid just siis, kui inimesed hakkavad uskuma, et asjad hakkavad lõpuks ometi paranema, kuulevad nad lennukite **häält**

Tallinn

Tallinn är en vacker stad. Gatorna kantas av **träd och** byggnaderna är alla i olika nyanser av grått, vitt och svart. Det är en fridfull stad, men det finns en underliggande känsla av spänning i luften. Det har gått två år sedan kriget började. Det har gått två år sedan **bomberna** började falla över Tallinn. Människorna här har lärt sig att leva med det, men de kan inte låta bli att undra när deras tur kommer. Ikväll, som vanligt, sitter alla hopkrupit i sina hem och väntar på att bombningarna ska börja. Men i kväll är det **annorlunda**. Ikväll finns det en märklig tystnad i luften. Inga flygplan flyger över oss och inga bomber faller från himlen.

Nästa morgon går Tallinns invånare försiktigt ut. Gatorna är tomma och det råder en kuslig tystnad i luften. Ingen vet vad man ska tro om det. Långsamt börjar **folk** komma ut ur sina hem och **utforska** staden. De upptäcker att alla byggnader fortfarande står kvar och att det inte finns några skador någonstans. Det är som om kriget aldrig hade ägt rum här. En känsla av hopp börjar växa fram bland invånarna när ryktet sprids i Tallinn att staden har skonats. Kanske betyder detta att **kriget** äntligen är över? Kanske kan de äntligen börja bygga upp sina liv igen? Men just när folk börjar tro att saker och ting äntligen kan bli bättre hör de **ljudet**

pea kohal. Ja siis hakkavad taas pommid langema.

Tallinna rahvas on **laastatud**. Nad olid julgenud loota paremale tulevikule, kuid nüüd tundub, et nende linn on hukule määratud. Kuid isegi keset kogu seda **pimedust** keelduvad nad alla andmast. Nad ehitavad oma linna ja elu uuesti üles, ükskõik mida see ka ei nõuaks. Sõda võis küll Tallinna hävitada, kuid ei suutnud murda selle rahva vaimu. Nad on linn, mis on käinud läbi **põrgu** ja tagasi, kuid nad ei anna kunagi alla. Ja nii jätkavad tallinlased võitlust, lootes paremale tulevikule. Ühel päeval on nende linn taas terve. Ja nad ei **unusta** kunagi seda, mida nad on läbi elanud.

av flygplan ovanför deras huvud. Och sedan börjar bomberna falla igen.

Tallinns befolkning är **förkrossad**. De hade vågat hoppas på en bättre framtid, men nu verkar det som om deras stad är dömd. Men även mitt i allt detta **mörker** vägrar de att ge upp. De kommer att återuppbygga sin stad och sina liv, oavsett vad som krävs. Kriget må ha förstört Tallinn, men det kunde inte krossa folkets anda. De är en stad som har gått igenom **helvetet** och tillbaka, men de kommer aldrig att ge upp. Och därför fortsätter Tallinns invånare att kämpa vidare i hopp om en bättre framtid. En dag kommer deras stad att vara hel igen. Och de kommer aldrig att **glömma** vad de har gått igenom.

Arusaamise küsimused

1. Milline on Tallinna linn?

2. Kui kaua on sõda kestnud?

3. Kuidas suhtuvad Tallinna elanikud sõjasse?

4. Mis juhtub ühel ööl sõja ajal?

5. Milline on Tallinna elanike reaktsioon järgmisel hommikul?

6. Miks on tallinlased lootusrikkad?

7. Mis juhtub, mis paneb tallinlased kaotama lootuse?

8. Kuidas tunnevad end Tallinna elanikud pärast sõda?

9. Mis on Tallinna rahva eesmärk?

10. Mida arvavad tallinlased oma linnast?

Frågor om förståelse

1. Hur ser Tallinn ut?

2. Hur länge har kriget pågått?

3. Vad tycker Tallinns invånare om kriget?

4. Vad händer en natt under kriget?

5. Hur reagerar invånarna i Tallinn nästa morgon?

6. Varför är Tallinns invånare hoppfulla?

7. Vad händer som gör att Tallinns invånare förlorar hoppet?

8. Hur känner sig Tallinns invånare efter kriget?

9. Vad har Tallinns invånare för mål?

10. Vad tycker invånarna i Tallinn om sin stad?

Suitsusaunad

Esimest korda astusin suitsusaunasse koos vanaisaga. Ta oli mulle sellest **aastaid** lugusid jutustanud ja ma olin lõpuks piisavalt vana, et temaga koos minna. See kogemus ei ole võrreldav millegi muuga, mida ma kunagi olen tundnud. Niipea, kui me sisse astusime, tabas **kuumus** mind nagu laine. Alguses võttis see mul hinge kinni, kuid siis hakkasin end lõdvemalt tundma ja mu lihased hakkasid lõdvenema. Istusime mõnda aega vaikides, nautides lihtsalt soojust ja üksteise seltskonda. Mõne aja pärast hakkas vanaisa mulle oma lemmiksaunalugusid jutustama. Üks neist rääkis sellest, kuidas ta sai nii kuumaks, et jäi minestama ja ärkas saunast **väljas** lumega kaetud!

Teine lugu rääkis sellest, et mõnikord istuvad inimesed saunas nii kaua, et nad hakkavad nägema asju, mida tegelikult ei ole - näiteks **kummitusi** või loomi. Kuid minu lemmiklugu oli see, kus kaks inimest, kes olid vaenlased, said lõpuks sõpradeks pärast seda, kui nad olid saunas koos aega veetnud - sest see näitas, et kuigi me ei pruugi alati kellegagi ühte meelt olla, võime siiski leida **ühise keele, kui me** oleme valmis koostööd tegema. Pärast kõiki neid lugusid kuuldes ei suutnud ma ära oodata, et kunagi ise suitsusauna proovida. Mõned aastad hiljem sain lõpuks oma võimaluse. Olime koos sõpradega **metsas** telkimas ja sattusime vana

Rökbastu

Första gången jag gick in i en rökbastu var tillsammans med min farfar. Han hade berättat om dem i **åratal och** jag var äntligen gammal nog att följa med honom. Upplevelsen var olik något annat jag någonsin känt. Så snart vi gick in slog **värmen** mig som en våg. Den tog först andan ur mig, men sedan började jag känna mig mer avslappnad och mina muskler började lossna. Vi satt tysta ett tag och njöt bara av värmen och varandras sällskap. Efter ett tag började farfar berätta några av sina favorithistorier om bastun. En handlade om en gång då han blev så varm att han svimmade och vaknade upp täckt av snö **utanför** bastun!

En annan berättelse handlade om hur folk ibland satt i bastun så länge att de började se saker som egentligen inte fanns där, som **spöken** eller djur. Men min favoritberättelse var den där två personer som var fiender till slut blev vänner efter att ha tillbringat lite tid tillsammans i bastun - för den visade att även om vi kanske inte alltid är överens med någon kan vi ändå hitta en **gemensam** grund om vi är villiga att arbeta tillsammans. Efter att ha hört alla dessa berättelser kunde jag inte vänta på att själv få prova en rökbastu en dag. Några år senare fick jag äntligen min chans. En grupp vänner och jag var på en campingtur i **skogen och** vi stötte på en gammal rökbastu som var

suitsusauna juurde, mis oli mahajäetud. Otsustasime seda proovida, kuigi teadsime, et see on tõenäoliselt ebaturvaline. Niipea, kui astusime sisse, tundsime **kividest** kiirgavat soojust.

Me kõik hakkasime üsna kiiresti higistama, kuid keegi ei tahtnud lahkuda, sest see tundus nii hea. Mõne aja pärast hakkas ühel mu sõbrannal **halb** enesetunne tekkima ja ta pidi minema välja värsket õhku võtma. Meie ülejäänud jäime veel mõneks ajaks sisse, enne kui me talle järgnesime. Kuigi see ei olnud kõige traditsioonilisem viis suitsusauna kogemiseks, oli see siiski hämmastav kogemus, mida ma ei **unusta** kunagi. Nüüdseks olen võtnud eesmärgiks külastada suitsusauna alati, kui saan. Selles kuumuses ja vaikuses on midagi sellist, mis aitab mul **lõõgastuda** ja mõtted selgeks teha. Ja kuigi mul ei ole alati kedagi, kellega lugusid jagada, naudin ma ikkagi seda, kui ma üksi saunas aega veedan. Sellest on saanud üks minu lemmikkohtadest ja ma tunnen end seal veedetud aja järel alati **paremini.**

övergiven. Vi bestämde oss för att ge den ett försök, trots att vi visste att den förmodligen var osäker. Så fort vi klev in kunde vi känna värmen som utgick från **stenarna**.

Vi började alla svettas ganska snabbt, men ingen ville gå därifrån eftersom det kändes så bra. Efter ett tag började en av mina vänner att **må illa** och hon var tvungen att gå ut för att få lite frisk luft. Resten av oss stannade inne en liten stund till innan vi följde henne ut. Även om det inte var det mest traditionella sättet att uppleva en rökbastu var det ändå en fantastisk upplevelse som jag aldrig kommer att **glömma**. Numera är jag noga med att besöka en rökbastu så ofta jag kan. Det är något med värmen och tystnaden som hjälper mig att **slappna av** och rensa tankarna. Och även om jag inte alltid har någon att dela historier med, tycker jag fortfarande om att tillbringa tid i bastun för mig själv. Det har blivit en av mina favoritplatser och jag mår alltid **bättre** efter att ha tillbringat lite tid där.

Arusaamise küsimused

1. Milline oli peategelase esimene kogemus suitsusaunaga?

2. Kuidas tundis peategelane end suitsusaunasse sisenedes?

3. Mida tegid peategelane ja vanaisa suitsusaunas?

4. Miks oli peategelase lemmiklugu kahest vaenlasest?

5. Mis juhtus, kui peategelane ja tema sõbrad proovisid vana, mahajäetud suitsusauna?

6. Kuidas tunneb peategelane end pärast suitsusaunas viibimist?

7. Millest aitab suitsusaun peategelasel oma meelt puhastada?

8. Kus on peategelase lemmikpaik?

9. Miks meeldib peategelasele üksi suitsusaunas aega veeta?

10. Mida tunneb peategelane alati paremini pärast seda, kui ta on teinud?

Frågor om förståelse

1. Vad var huvudpersonens första erfarenhet av en rökbastu?

2. Hur kände sig huvudpersonen när han gick in i rökbastun?

3. Vad gjorde huvudpersonen och morfar i rökbastun?

4. Varför var huvudpersonens favoritsaga den om de två fienderna?

5. Vad hände när huvudpersonen och hennes vänner provade en gammal, övergiven rökbastu?

6. Hur känner sig huvudpersonen efter att ha tillbringat tid i rökbastun?

7. Vad hjälper rökbastun att rensa huvudpersonen från?

8. Var är huvudpersonens favoritplats?

9. Varför gillar huvudpersonen att vara ensam i rökbastun?

10. Vad känner sig huvudpersonen alltid bättre efter att ha gjort?

Martsipan

Martsipanil oli **kohutav** päev. Esiteks ärkas ta hilja ja pidi kiirustama, et oma tööks pagariäris valmis saada. Siis, kui ta tööle jõudis, noomis teda ülemus hilinemise eest. Ja kõige tipuks rikkus ta kogemata terve partii **koogikesi ära**, sest lisas liiga palju jahu. Marzipan tundis end väga masendatuna, kui tema vahetuse lõppedes oli ta väga masendunud. Töölt koju minnes püüdis Marzipan end rõõmsaks teha, mõeldes kõigile asjadele, mida ta armastas: **maitsvate** küpsetiste küpsetamine, sõpradega koos olemine ja oma kassi Snickersiga kallistamine. Kuid ükskõik kui palju ta ka ei püüdnud, Marzipan ei suutnud oma halba tuju kuidagi maha raputada. Kui ta koju jõudis, otsustas Marzipan end mõnusalt kuuma **vanniga** hellitada. Võib-olla see parandaks tema enesetunnet.

Ta lisas veele rahustavat lavendliõli ja ronis vette. Pärast vanni tundis Marzipan end veidi paremini. Ta pani selga oma mugava pidžaama ja otsustas endale tassi **teed** teha. Kui ta ootas, et vesi keema hakkaks, kuulis ta koputust uksel. Kes see võis olla? mõtles Marzipan, kui ta läks uksele vastama. Kui ta ukse avas, nägi ta **üllatusega** oma sõpra Lily seal seisvat, laia naeratusega näol. “Tere!” “Ma loodan, et sa ei pane pahaks, et ma ootamatult sisse vaatan,” ütles Lily. “Ma

Marsipan

Marsipan hade en **hemsk** dag. Först vaknade hon sent och var tvungen att skynda sig att göra sig klar för sitt jobb på bageriet. När hon sedan kom till jobbet skällde hennes chef ut henne för att hon var sen. Och till råga på allt råkade hon förstöra en hel omgång **muffins genom att** tillsätta för mycket mjöl. Marsipan kände sig riktigt nedstämd när hennes skift var slut. När hon gick hem från jobbet försökte Marzipan muntra upp sig själv genom att tänka på alla de saker hon älskade: att baka **läckra** godsaker, umgås med sina vänner och gosa med sin katt Snickers. Men hur mycket hon än försökte kunde Marsipan inte skaka av sig sitt dåliga humör. När hon kom hem bestämde hon sig för att unna sig ett varmt **bad**. Det kanske skulle få henne att må bättre.

Hon tillsatte lite lugnande lavendelolja i vattnet och klättrade i det. Efter badet kände sig Marsipan lite bättre. Hon tog på sig sin bekväma pyjamas och bestämde sig för att göra sig en kopp **te**. Medan hon väntade på att vattnet skulle koka hörde hon en knackning på dörren. Vem kunde det vara? tänkte Marsipan när hon gick för att öppna. När hon öppnade dörren blev hon **förvånad över** att se sin vän Lily stå där med ett stort leende på läpparna. “Hej!” “Jag hoppas att du inte har något emot att jag kommer

tahtsin lihtsalt sinu järele vaadata, sest ma tean, et täna oli raske päev." Marzipan oli oma sõbra **hoolivusest** liigutatud ja kutsus ta sisse teele. Kui nad vestlesid ja vahetasid mõtteid, hakkas Marzipan end taas rohkem iseendana tundma.

Selleks ajaks, kui Lily lahkus, sai Marzipan aru, et mõnikord on vaja vaid **head** sõpra - ja võib-olla isegi mõned lavendlilõhnalised mullid -, et oma päev täielikult ümber pöörata. Järgmisel päeval ärkas Marzipan ja tundis end palju paremini. Ta oli otsustanud võtta oma päevast maksimumi ja mitte lasta millelgi end alla suruda. Pärast kiiret **hommikusööki** suundus ta kevadiselt pagariärisse. Kohe, kui ta sisse astus, märkas Marzipan, et midagi on valesti. Tema ülemus nägi **vihane** välja ja ümberringi oli mitu klienti, kes nägid pettunud välja. Kiiresti sai selgeks, et keegi oli öösel kõik küpsetusvahendid varastatud! Marzipan tundis end kohutavalt - see oli lihtsalt veel üks asi, mille pärast tema ülemus **pahane oli.**

förbi oannonserat", sa Lily. "Jag ville bara kolla till dig eftersom jag vet att det har varit jobbigt idag." Marsipan blev rörd av sin väns **omtänksamhet och** bjöd in henne på te. När de pratade och kom ikapp började Marzipan känna sig mer som sig själv igen.

När Lily gick hade Marzipan insett att ibland är allt man behöver en **god** vän - och kanske till och med några lavendeldoftande bubblor - för att vända dagen helt och hållet. Nästa dag vaknade Marsipan upp och kände sig mycket bättre. Hon var fast besluten att göra det bästa av sin dag och inte låta något få henne nedstämd. Efter en snabb **frukost** begav hon sig till bageriet med en fjäder i ryggen. Så snart hon gick in kunde Marzipan se att något var fel. Hennes chef såg **arg** ut, och det fanns flera kunder som stod runt omkring och såg frustrerade ut. Det stod snabbt klart att någon hade stulit alla bakverk under natten! Marsipan kände sig hemsk - detta var bara ännu en sak för hennes chef att bli **upprörd** över.

Arusaamise küsimused

1. Mida teeb Marzipan, kui ta töölt koju jõuab?

2. Mida ütleb Lily, kui ta näeb Marzipani?

3. Millest mõtleb Marzipan vannis olles?

4. Mida teeb Marzipan, kui ta näeb oma ülemust järgmisel päeval?

5. Miks oli Martsipani päev kohutav?

6. Mida teeb Marzipan, kui ta järgmisel päeval ärkab?

7. Millest mõtleb Marzipan tööle minnes?

8. Mida teeb Marzipan, kui ta näeb kliente pagariäris?

9. Mida arvab Martsipan vargast?

10. Mida teeb Marzipan loo lõpus?

Frågor om förståelse

1. Vad gör Marsipan när hon kommer hem från jobbet?

2. Vad säger Lily när hon ser Marsipan?

3. Vad tänker Marsipan på när hon badar?

4. Vad gör Marsipan när hon träffar sin chef nästa dag?

5. Varför var Marsipans dag hemsk?

6. Vad gör Marsipan när hon vaknar nästa dag?

7. Vad tänker Marsipan på när hon går till jobbet?

8. Vad gör Marsipan när hon ser kunderna i bageriet?

9. Vad tycker Marsipan om tjuven?

10. Vad gör Marsipan i slutet av berättelsen?

Pärnu

Päike oli loojumas Eesti väikelinna Pärnu kohal. Taevas oli kaunis oranžikas ja tähed hakkasid just välja tulema. See oli **rahulik** õhtu. Järsku kostis vali plahvatus. Linna kesklinnas asuv hoone varises kokku, prahti lendas kõikjale. Inimesed hakkasid karjuma ja jooksid igas suunas. Niipea kui tolm oli vaibunud, hakkasid inimesed kahju hindama. Paljud hooned hävisid või said plahvatuse tagajärjel kahjustada. Kõikjal oli **vigastatuid** ja mõned olid plahvatuse tagajärjel isegi surma saanud. Paanika hakkas puhkema, kui inimesed mõistsid, et see oleks võinud olla palju hullem, kui see oli. Nad ei teadnud, mis oli plahvatuse põhjustanud või kes võis selle eest **vastutada.**

Kui öö saabus, moodustati otsimisrühmad, et otsida **ellujäänuid**, kes võisid olla rusude alla jäänud või muul viisil võimetud end ise aitama. Esmaabi andsid endast parima, et jagada patsiente ja viia nad ohutusse kohta. Kuid kiiresti sai selgeks, et sellest saab kõigi asjaosaliste jaoks pikk öö. Järgmisel hommikul valitses linnas vilgas tegevus. Uurijad uurisid **rususid**, otsides vihjeid, mis oli plahvatuse põhjustanud. Hukkunute arv oli öösel tõusnud ja paljud inimesed olid ikka veel kadunud. Õhus valitses kurbus ja hirm. Kuid kogu selle **pimeduse** keskel oli ka headust ja kangelaslikkust. Inimesed tulid kokku, et aidata neid, keda tragöödia oli

Pärnu

Solen höll på att gå ner över den lilla staden Pärnu i Estland. Himlen var vackert orange och stjärnorna hade precis börjat komma fram. Det var en **fridfull** kväll. Plötsligt hördes en högljudd explosion. En byggnad i stadens centrum kollapsade och spillror flög överallt. Människor började skrika och springa åt alla håll. Så snart dammet lagt sig började folk bedöma skadorna. Många byggnader har förstörts eller skadats av explosionen. Det fanns **skadade** människor överallt, och några hade till och med dödats direkt av explosionen. Panik började infinna sig när folk insåg att detta kunde ha varit mycket värre än vad det var. De visste inte vad som hade orsakat explosionen eller vem som kunde vara **ansvarig** för den.

När mörkret föll bildades sökgrupper för att leta efter **överlevande som** kunde ha fastnat under spillror eller på annat sätt inte kunde hjälpa sig själva. Första hjälparbetarna gjorde sitt bästa för att sortera patienterna och föra dem i säkerhet. Men det stod snabbt klart att det skulle bli en lång natt för alla inblandade. Nästa morgon var det full aktivitet i staden. Utredare kammade igenom **spillrorna och** letade efter ledtrådar till vad som hade orsakat explosionen. Dödssiffran hade stigit under natten och många människor saknades fortfarande. Det fanns en känsla

tabanud. Võõrastest said sõbrad, kes lohutasid üksteist ja püüdsid **juhtunust aru** saada.

Lõpuks ei olnud Pärnu pärast seda saatuslikku ööd enam kunagi päris sama. Kuid selle elanikud mäletaksid, kuidas nad tulid häda ajal **kokku** ja oleksid selle eest tugevamad. Plahvatusest on möödas 10 aastat. Pärnu on end uuesti üles ehitanud ja on nüüd taas edukas **kogukond.** Kuid sel aastapäeval võtavad inimesed ikka veel hetke, et meenutada neid, kes tol päeval kaotati. Mõne jaoks on see aeg, et mõelda, kui kaugele nad on viimase kümne aasta jooksul jõudnud. Nad mõtlevad kõigile tehtud **edusammudele** ja sellele, kui palju on nende linn muutunud paremaks. Teised kasutavad seda päeva võimalusena suhelda teiste inimestega, kes on nende kogemusi jaganud. Nad pakuvad üksteisele lohutust ja tuge, teades, et nad mõistavad, mis tunne on läbida midagi nii traumeerivat. Ükskõik, kuidas inimesed seda päeva ka ei veedaks, on üks asi selge: selle saatusliku **öö** sündmused ei unustata kunagi nende poolt, kes need läbi elasid.

av sorg och rädsla i luften. Men mitt i allt detta **mörker** fanns det också handlingar av vänlighet och hjältemod. Människor gick samman för att hjälpa dem som hade drabbats av tragedin. Främlingar blev vänner när de tröstade varandra och försökte förstå vad som hade **hänt**.

I slutändan skulle Pärnu aldrig bli riktigt detsamma igen efter den ödesdigra kvällen. Men invånarna skulle minnas hur de kom **samman när de** behövde hjälp, och de skulle bli starkare för det i framtiden. Det har gått tio år sedan explosionen. Pärnu har återuppbyggt sig självt och är nu återigen ett blomstrande **samhälle.** Men på denna årsdag tar folk fortfarande en stund för att minnas dem som förlorades den dagen. För vissa är det en tid att reflektera över hur långt de har kommit under det senaste decenniet. De tänker på alla **framsteg** som gjorts och hur mycket deras stad har förändrats till det bättre. Andra använder denna dag som en möjlighet att få kontakt med andra som har delat deras erfarenheter. De erbjuder varandra tröst och stöd i vetskapen om att de förstår hur det är att gå igenom något så traumatiskt. Oavsett hur människor väljer att tillbringa denna dag är en sak klar: Händelserna den ödesdigra **natten** kommer aldrig att glömmas av dem som upplevde dem.

Arusaamise küsimused

1. Milline oli taevas, kui päike loojus Pärnu kohal?

2. Kuidas reageerisid inimesed, kui plahvatus toimus?

3. Mida tegid inimesed pärast seda, kui plahvatuse tolm oli settinud?

4. Mitu inimest sai plahvatuses surma?

5. Kuidas inimesed tundsid end hommikul pärast plahvatust?

6. Mida otsisid uurijad rusude seast?

7. Mida teevad mõned inimesed plahvatuse aastapäeval?

8. Mida teevad teised plahvatuse aastapäeval?

9. Mis on üks asi, mis on inimestele plahvatuse aastapäeval selge?

10. Mida ei unusta kunagi need, kes elasid selle plahvatuse üle?

Frågor om förståelse

1. Hur såg himlen ut när solen gick ner över Pärnu i Estland?

2. Hur reagerade människor när explosionen inträffade?

3. Vad gjorde folk när dammet från explosionen hade lagt sig?

4. Hur många människor dog i explosionen?

5. Hur kände sig människorna på morgonen efter explosionen?

6. Vad letade utredarna efter bland spillrorna?

7. Vad gör vissa människor på årsdagen av explosionen?

8. Vad gör andra på årsdagen av explosionen?

9. Vad är en sak som är tydlig för människor på årsdagen av explosionen?

10. Vad kommer aldrig att glömmas av dem som upplevde explosionen?

Walpurgise öö

Oli Walpurgise öö ja kõik inimesed valmistusid kogu **väikeses** Sleepy Hollow'i linnas suureks pidustuseks. Lõkked olid süüdatud ja muusika mängis. Inimesed tantsisid ja **naersid**, nautides sooja kevadööd. Kuid oli üks inimene, kes ei tundnud end nii pidulikult. Tema nimi oli Abigail ja ta oli alles paar nädalat tagasi Sleepy Hollow'sse kolinud. Ta ei tundnud siin veel kedagi ja tundis end **võõrana**. Ta püüdis end hästi tunda, kuid see oli raske, kui ta tundis end nii üksi. Äkki kuulis ta, kuidas keegi tema nime hüüdis. See kõlas, nagu oleks nad hädas. Ta järgis häält, kuni jõudis metsas asuvale lagendikule, kus grupp inimesi oli kogunenud millegi ümber **maapinnale**.

Kui ta lähemale jõudis, nägi ta, et nad olid kogunenud ühe **laiba** ümber. See oli noor naine ja nägi välja, nagu oleks teda rünnatud. Kõikjal oli verd ja Abigailil hakkas kõhus halb. Rühm inimesi püüdis naist elustada, kuid oli juba liiga hilja. Ta oli kadunud. Abigail ei suutnud uskuda, mida ta nägi. See ei pidi juhtuma Walpurgise **ööl**; see pidi olema pidustuste aeg. Kuid nüüd oli õhus ainult surm ja kurbus. Inimeste rühm läks mõne aja pärast laiali ja Abigail jäi surnukehaga üksi. Ta ei teadnud, mida teha. Kas ta peaks abi otsima? Aga kes usuks teda, kui ta neile ütleks, mis oli juhtunud?

Valborgsmässoafton

Det var valborgsmässoafton och överallt i den **lilla** staden Sleepy Hollow gjorde sig folk redo för det stora firandet. Bålen var tända och musiken spelades. Folk dansade och **skrattade** och njöt av den varma vårnatten. Men det fanns en person som inte kände sig så festlig. Hon hette Abigail och hade precis flyttat till Sleepy Hollow för några veckor sedan. Hon kände ingen här ännu och hon kände sig som en **outsider**. Hon försökte roa sig, men det var svårt när hon kände sig så ensam. Plötsligt hörde hon någon ropa hennes namn. Det lät som om de var i knipa. Hon följde rösten tills hon kom till en glänta i skogen där en grupp människor var samlade kring något på **marken**.

När hon kom närmare kunde hon se att de var samlade runt en **kropp**. Det var en ung kvinna och hon såg ut att ha blivit attackerad. Det fanns blod överallt, och Abigail fick ont i magen. Gruppen av människor försökte återuppliva kvinnan, men det var för sent. Hon var borta. Abigail kunde inte tro vad hon såg. Det här skulle inte hända på **Walpurgisnatten,** det skulle vara en tid för firande. Men nu fanns det bara död och sorg i luften. Gruppen av människor skingrades efter ett tag och Abigail lämnades ensam med kroppen. Hon visste inte vad hon skulle göra. Skulle hon hämta hjälp? Men vem

Lõppude lõpuks oli Walpurgise öö, öö, mil **nõiad** väidetavalt ringi käivad. Keegi ei usuks teda, kui ta ütleks, et see oli see, mis tappis naise.

Ta otsustas keha ise linna viia ja leida kedagi, kes saaks **aidata**. See oli riskantne, kuid ta ei teadnud, mida muud teha. Kui ta keha üles võttis, tundis ta, kuidas äkiline energiavoog läbis teda. Justkui oleks naise vaim sisenenud tema enda kehasse, andes talle **jõudu**. Abigail kõndis naisekeha süles linna ja läks otse šerifi kontorisse. Šerif heitis Abigailile ühe pilgu ja teadis, et midagi on valesti; ta nägi seda naise silmadest. Ta küsis naiselt, mis oli juhtunud, ja naine rääkis talle kõik algusest **lõpuni**.

skulle tro henne om hon berättade vad som hade hänt? Det var trots allt valborgsmässoafton, natten då **häxor** sades vara ute och gå. Ingen skulle tro henne om hon sa att det var det som hade dödat kvinnan.

Hon bestämde sig för att själv ta kroppen till stan och hitta någon som kunde **hjälpa henne**. Det var riskabelt, men hon visste inte vad hon annars skulle göra. När hon lyfte upp kroppen kände hon en plötslig våg av energi passera genom henne. Det var som om kvinnans ande hade gått in i hennes egen kropp och gett henne **styrka**. Abigail gick in i staden med kvinnans kropp i famnen och gick direkt till sheriffens kontor. Sheriffen tog en titt på Abigail och visste att något var fel; han kunde se det i hennes ögon. Han frågade henne vad som hade hänt och hon berättade allt från början till **slut**.

Arusaamise küsimused

1. Mis oli selle naise nimi, kes tapeti?

2. Mida tundis Abigail, kui ta surnukeha üles võttis?

3. Miks ei tahtnud Abigail alguses šerifi juurde minna?

4. Mis oli Walpurgise öö?

5. Kuidas teadis rühm inimesi, et naine oli surnud?

6. Milleks kasutati metsas asuvat lagendikku?

7. Mida tegi rühm inimesi, kui nad leidsid surnukeha?

8. Millal otsustas Abigail surnukeha linna viia?

9. Kuidas teadis šerif, et midagi on valesti?

10. Mida ütles Abigail šerifile?

Frågor om förståelse

1. Vad hette kvinnan som dödades?

2. Vad kände Abigail när hon tog upp kroppen?

3. Varför ville Abigail först inte gå till sheriffen?

4. Vad var valborgsmässoafton?

5. Hur visste gruppen av människor att kvinnan var död?

6. Vad användes ljusningen i skogen till?

7. Vad gjorde gruppen av människor när de hittade kroppen?

8. När bestämde sig Abigail för att ta med kroppen in till stan?

9. Hur visste sheriffen att något var fel?

10. Vad sa Abigail till sheriffen?

Kiiking

Päike oli loojumas horisondi kohal, heites taevasse ilusa oranži varjundi. Tuul puhus õrnalt, pannes lehed kahisema ja oksad kõiguma. See oli ideaalne **õhtu** kiikingi jaoks. Võtsin oma kiikingukepid ja suundusin lähedalasuvasse parki. Seadsin oma varustuse üles ja hakkasin jalgu üle kangi kiikima. Tundsin **adrenaliini** kiirust, kui kiirendasin. Tuul piitsutas mu juukseid ja riideid, kui ma läbi õhu lendasin. Maandusin kähku, kuid tõusin kiiresti uuesti püsti. Ma ei saanud teisiti kui naeratada, kui jätkasin kiikingit; see oli üks mu lemmikspordialasid. Õhus lendamises oli midagi sellist, mis pani mind tundma end elusana ja vabana. Kui õhtu hakkas loojuma, pakkisin oma asjad kokku ja suundusin koju, olles pärast õhtust Kiikingiõhtut **õnnelik** ja rahul.

Järgmisel hommikul olin varakult üleval, soovides taas välja minna ja Kiikile minna. Suundusin parki, kepid käes, kuid kui ma lähemale jõudsin, nägin, et **midagi** on valesti. Varustus oli kõik katki ja laiali maas. Näis, nagu oleks keegi püüdnud seda **öösel** vandaalitseda. Tundsin viha, kui vaatasin kahjustusi. Kes võiks sellist asja teha? Kiiking oli nii rahumeelne spordiala, et kellelgi polnud mingit põhjust seda rikkuda. Hakkasin kiiresti koristama, olles otsustanud, et see, kes seda tegi, ei lase mul oma **lemmikajaviisi** nautimist

Kiiking

Solen höll på att gå ner över horisonten och kastade en vacker orange nyans på himlen. Vinden blåste lätt och fick löven att prassla och grenarna att svänga. Det var en perfekt **kväll** för Kiiking. Jag tog mina Kiikingstänger och begav mig till den närliggande parken. Jag ställde upp min utrustning och började svänga benen över stången. Jag kände en **adrenalinkick när** jag ökade farten. Vinden piskade genom mitt hår och mina kläder när jag flög genom luften. Jag landade med en duns, men reste mig snabbt upp igen. Jag kunde inte låta bli att le när jag fortsatte Kiiking; det var en av mina favoritsporter. Det var något med att flyga genom luften som fick mig att känna mig levande och fri. När kvällen började falla packade jag ihop mina saker och begav mig hem, jag kände mig **lycklig** och nöjd efter en kväll med Kiiking.

Jag gick upp tidigt nästa morgon och var ivrig att komma ut och paddla igen. Jag begav mig till parken med mina stavar i handen, men när jag kom närmare kunde jag se att **något** var fel. Utrustningen var helt trasig och låg utspridd på marken. Det såg ut som om någon hade försökt vandalisera den under **natten**. Jag kände en våg av ilska när jag såg skadorna. Vem skulle göra något sådant? Kiiking var en så fredlig sport, det

takistada. Tunni aja jooksul oli kõik jälle paigas ja valmis, et seda uuesti kasutada. Hakkasin jalgu üle kangi õõtsutama, tundes **tuttavat** adrenaliinipurset, kui kiirust tõstsin. Jällegi tundsin end elusana ja vabana, kui lendasin Kiikingi kepikõnnil läbi õhu.

Parkis **juhtunust oli möödas** paar nädalat ja ma hakkasin end ebamugavalt tundma. Ma ei olnud pärast seda õhtut kedagi näinud ega kuulnud kellestki, kuid teadsin, et nad on ikka veel kusagil väljas. Olin ärevuses, kui suundusin uuesti parki, oma kiikingisaagid käes. Niipea kui ma kohale jõudsin, nägin, et **midagi** on valesti. Varustus oli taas kord kõik katki ja laiali maas. Kes iganes see ka polnud, oli jälle löönud. Seekord olid nad teinud veelgi rohkem kahju kui varem. Mu süda vajus, kui ma vaatasin sündmuskohta; näis, et seekord olid nad tõesti püüdnud kõike **hävitada.** Kuid nagu eelmiselgi korral, keeldusin ma laskmast neil takistada mind oma lemmikspordi nautimast. Tunni aja jooksul oli kõik jälle paigas ja valmis, et seda uuesti kasutada.

fanns ingen anledning för någon att försöka förstöra den. Jag började snabbt städa upp röran, fast besluten att inte låta den som gjort detta hindra mig från att njuta av mitt **favoritspass**. Inom en timme var allting tillbaka på plats och redo att användas igen. Jag började svinga mina ben över stången och kände den **välbekanta** adrenalinkicken när jag ökade farten. Ännu en gång kände jag mig levande och fri när jag flög genom luften på mina Kiikingstänger.

Det hade gått några veckor sedan **händelsen** i parken och jag började känna mig orolig. Jag hade inte sett eller hört av någon sedan den kvällen, men jag visste att de fortfarande fanns där ute någonstans. Jag var nervös när jag begav mig till parken igen, med mina Kiikingpinnar i handen. Så snart jag kom fram kunde jag se att **något** var fel. Utrustningen var alldeles trasig och utspridd på marken igen. Den som hade gjort det hade slagit till igen. Den här gången hade de gjort ännu mer skada än tidigare. Mitt hjärta sjönk när jag undersökte scenen; det såg ut som om de verkligen hade försökt **förstöra** allt den här gången. Men precis som förra gången vägrade jag att låta dem hindra mig från att njuta av min favoritsport. Inom en timme var allting tillbaka på plats och redo att användas igen.

Arusaamise küsimused

1. Mis on peategelase lemmikspordiala?

2. Mida tunneb peategelane, kui ta on Kiiking?

3. Miks vandaalitseti peategelase varustust?

4. Kuidas tunneb peategelane end pärast seda, kui seadmeid teist korda vandaalitsetakse?

5. Mida teeb peategelane pärast seadmete vandaalitsemist?

6. Kuhu läheb peategelane Kiik?

7. Mis kellaaeg on peategelane Kiik tavaliselt?

8. Milline oli ilm, kui peategelane esimest korda loos Kiikingil käis?

9. Milliseid värve mainitakse loos?

10. Milliseid emotsioone tunneb peategelane kogu loo jooksul?

Frågor om förståelse

1. Vilken är huvudpersonens favoritsport?

2. Vad känner huvudpersonen när han eller hon är på Kiiking?

3. Varför vandaliserades huvudpersonens utrustning?

4. Hur känner sig huvudpersonen efter att utrustningen vandaliserats för andra gången?

5. Vad gör huvudpersonen efter att utrustningen vandaliserats?

6. Vart åker huvudpersonen till Kiik?

7. Vilken tid på dygnet brukar huvudpersonen Kiik vara på?

8. Hur var vädret första gången huvudpersonen i berättelsen åkte Kiiking?

9. Vilka färger nämns i berättelsen?

10. Vilka känslor känner huvudpersonen under hela berättelsen?

Kõpu tuletorn

Kõpu tuletorn on sajandeid olnud merele eksinud **meremeeste** lootusmärgiks. Nüüd aga ähvardab vana tuletorni hävitada võimas torm. Kui torm möllab, löövad **lained** vastu kaljusid, saates kõrgele õhku pritsmeid. Tuul ulgub läbi öö, rebides kõike, mis talle teele jääb. **Majaka** sees püüab noor naine Sarah meeleheitlikult hoida valgust põleval. Ta teab, et kui ta suudab vaid hommikuni vastu pidada, tuleb abi. Aga kui aeg möödub ja **torm** ei näita mingeid märke, et see vaibuks, hakkab Sarah lootust kaotama.

Ta teab, et ta ei suuda enam kaua vastu pidada. Äkki kuuleb Sarah **häält,** mis kutsub tema nime. Ta ei suuda seda uskuda - keegi on tulnud teda aitama! Ta jookseb ukse juurde ja viskab selle lahti, kuid teda ootab ees **veesein**. Torm on majakast läbi murdnud ja ujutab sisse. Sarah teab, et tal ei ole palju aega. Ta tormab trepist üles valgusruumi ja hakkab meeletult abi kutsuma. Kuid on liiga hilja. Vesi tõuseb tema ümber ja **neelab** ta oma tumedasse embusse. Kui ta sügavikku vajub, suudab ta mõelda vaid sellele, kuidas ta jättis hätta need, kes teda kõige rohkem vajasid. Päike tõuseb mere kohal, heites **vee** peale sooja kuma.

Kuid majakast ei ole mingit märki - **torm** on selle täielikult hävitanud. Sarahi laip uhutakse kaldale

Fyren i Kõpu

Fyren i Kõpu har i århundraden varit en hoppets ledstjärna för **sjömän som** gått vilse på havet. Men nu riskerar den gamla fyren att förstöras av en kraftig storm. När stormen rasar vidare slår **vågorna** mot klipporna och skickar spray högt upp i luften. Vinden ylar genom natten och sliter sönder allt som står i dess väg. Inne i **fyren** försöker en ung kvinna vid namn Sarah desperat att hålla ljuset brinnande. Hon vet att om hon bara kan hålla ut till gryningen kommer hjälpen att komma. Men när tiden går och **stormen** inte visar några tecken på att avta börjar Sarah förlora hoppet.

Hon vet att hon inte kommer att kunna hålla ut mycket längre. Plötsligt hör Sarah en **röst som** ropar hennes namn. Hon kan inte tro det - någon har kommit för att hjälpa henne! Hon springer till dörren och slår upp den, men möts av en vägg av **vatten**. Stormen har brutit igenom fyren och svämmar in. Sarah vet att hon inte har mycket tid på sig. Hon rusar uppför trapporna till ljusrummet och börjar frenetiskt försöka signalera om hjälp. Men det är för sent. Vattnet stiger upp runt henne och **slukar** henne i sin mörka famn. När hon sjunker ner i djupet är allt hon kan tänka på hur hon svek dem som behövde henne mest. Solen går upp över havet och kastar ett varmt sken över **vattnet**.

paar päeva hiljem. Ta maetakse väikesele kalmistule tema kodulinna lähedal. Kui inimesed tulevad austust avaldama, ütlevad nad kõik, et ta oli **kangelane**, sest püüdis tuletorni päästa. Ja kuigi tal ei õnnestunud, ei unustata kunagi tema vaprust. Kõpu tuletorn võib olla kadunud, kuid selle vaim elab Sarah's edasi. Kõik, kes teda tundsid, mäletavad teda kui **ennastsalgavat** inimest, kes seadis alati teised esikohale. Ja kuigi tuletorn ei seisa enam, särab tema valgus ikka veel nende südames, keda ta **puudutas**.

Men det finns inga tecken på fyren - den har förstörts helt och hållet av **stormen**. Sarahs kropp spolas upp på stranden några dagar senare. Hon begravs på en liten kyrkogård i närheten av sin hemstad. När folk kommer för att visa sin respekt säger alla att hon var en **hjälte** för att hon försökte rädda fyren. Och även om hon inte lyckades kommer hennes mod aldrig att glömmas bort. Kõpu-fyren må vara borta, men dess anda lever vidare i Sarah. Alla som kände henne minns henne som en **osjälvisk** person som alltid satte andra i första rummet. Och även om fyren inte längre står kvar, lyser dess ljus fortfarande i hjärtat på dem som den **berörde**.

Arusaamise küsimused

1. Mis on peategelase nimi?

2. Mida teeb peategelane majakeses?

3. Mis on peategelase eesmärk?

4. Miks on tuletorn ohus?

5. Mida kuuleb Saara, kui ta on lõpu lähedal?

6. Mida teeb päike loo lõpus?

7. Milline on peategelase saatus?

8. Kuidas inimesed mäletavad Sarah't?

9. Mida ütleb autor lõpus tuletorni kohta?

10. Mis on teie arvates autori eesmärk selle loo kirjutamisel?

Frågor om förståelse

1. Vad heter huvudpersonen?

2. Vad gör huvudpersonen i fyren?

3. Vad är huvudpersonens mål?

4. Varför är fyren i fara?

5. Vad hör Sarah när hon är nära slutet?

6. Vad gör solen i slutet av berättelsen?

7. Vad är huvudpersonens öde?

8. Hur minns folk Sara?

9. Vad säger författaren om fyren i slutet?

10. Vad tror du att författaren har för avsikt att skriva den här berättelsen?

Kasemahl

Päike loojus mägede taha, heites roosa ja oranži kuma väikese Kasemahli küla kohale. Külaelanikud valmistusid öiseks pidulikuks ürituseks. **Platsil** olid lauad üles seatud ja igale aknale olid riputatud värvilised lipud. Platsi keskel seisis suur **pada, mis oli** täidetud mullitava kasemahlaga. See oli Kasemahli kõige kallim vara ja seda kasutati ainult erilistel puhkudel. Täna oli üks neist õhtutest. Kui pimedaks läks, hakkasid külaelanikud platsile kogunema, igaühel kaasas kruus aurava kasemahlaga. Nad võtsid oma kohad katla ümber ja ootasid kannatlikult oma järjekorda, et selle **pühast** sisust juua. Kui kõik olid saanud, tõstsid nad oma kruusid kõrgele, et **tõsta joovastust** Kasemahlile ja tema paljudele õnnistustele.

Siis jõid nad sügavalt magusat nektarit, tundes, kuidas selle soojus nende kehas levib nagu tuli külmal talveõhtul. Kasemahl avaldas külaelanikele oma tavalist mõju. Nad tundsid end õnnelikult ja rahulolevalt, nende mured sulasid ära nagu lumi kevadel. Muusika hakkas kõlama ja inimesed hakkasid tantsima. Peagi oli väljak täis **naeru** ja taktis trampivate jalgade heli. Õhtu edenedes hakkasid mõned külaelanikud end veidi uimaselt tundma. Nende liikumine muutus ebastabiilsemaks ja nad hakkasid nägema asju, mida

Kasemahl

Solen höll på att gå ner bakom bergen och kastade ett rosa och orange sken över den lilla byn Kasemahl. Byborna var upptagna med att förbereda sig för nattens festligheter. Bord ställdes upp på **torget och** färgglada banderoller hängde från varje fönster. I mitten av torget stod en stor **kittel** fylld med bubblande björksaft. Detta var Kasemahls mest värdefulla ägodel, och den användes endast vid speciella tillfällen. Ikväll var en av dessa kvällar. När mörkret föll började byborna samlas på torget, var och en med en mugg med rykande björksaft. De tog plats runt kitteln och väntade tålmodigt på att det skulle bli deras tur att dricka av dess **heliga** innehåll. När alla hade blivit serverade höjde de sina muggar högt för att **skåla** för Kasemahl och hennes många välsignelser.

Sedan drack de djupt av den söta nektarn och kände hur värmen spred sig i deras kroppar som eld en kall vinterkväll. Björksaften hade sin vanliga effekt på byborna. De kände sig glada och nöjda, deras bekymmer smälte bort som snö på våren. Musiken började spelas och folk började dansa. Torget fylldes snart av **skratt** och ljudet av fötter som stampade i takt till takten. När kvällen gick började några av byborna känna sig lite svaga. Deras rörelser blev

tegelikult ei olnud. Varsti lamasid nad kõik maas, kikerdades kontrollimatult **mitte millegi üle**. Siis ilmus nende ette Kasemahl. Ta oli **ilus** naine pikkade voolavate juustega ja lumivalge nahaga. Tema silmad olid läbitungivalt sinised ja huuled punased nagu veri.

Ta naeratas neile kõigile sõbralikult, enne kui rääkis pehmel häälel, mis tundus kogu väljakul kajavat. “Mu lapsed, mul on nii hea meel, et te kõik olete tulnud täna koos minuga **tähistama.** See on tõepoolest eriline sündmus. Sest täna õhtul saate te kõik kingituseks minu kasemahla. See püha nektar voolab läbi teie veenide ja täidab teid minu väega. Te näete asju, mida ükski surelik pole kunagi varem näinud, ja te saate teada asju, mis on seni olnud teie eest varjatud. **Võtke** see kingitus **vastu**, sest see on tõepoolest haruldane. “ Nende sõnadega hakkas Kasemahl ümber väljaku tantsima, jalad vaevu maad puudutavad. Külaelanikud vaatasid aukartusega, kuidas ta keerles ja hüppas, tema seelikud lehvimas nagu **tiivad** ümberringi. Ta näis seestpoolt hõõguvat, heites teispoolset **valgust** kõigele, mida ta puudutas.

mer oregelbundna och de började se saker som egentligen inte fanns där. Snart låg de alla på marken och fnissade okontrollerat åt **ingenting** alls. Det var då som Kasemahl dök upp framför dem. Hon var en **vacker** kvinna med långt flödande hår och hud vit som snö. Hennes ögon var genomträngande blå och hennes läppar var röda som blod.

Hon log vänligt mot dem alla innan hon talade med en mjuk röst som tycktes eka runt hela torget. “Mina barn, jag är så glad att ni alla har kommit för att **fira** med mig i kväll. Det är verkligen ett speciellt tillfälle. För ikväll kommer ni alla att få gåvan av min björksaft. Denna heliga nektar kommer att flöda genom era ådror och fylla er med min kraft. Ni kommer att se saker som ingen dödlig någonsin har sett förut och ni kommer att veta saker som har varit dolda för er fram till nu. **Omfamna** denna gåva, för den är verkligen sällsynt. “ Med dessa ord började Kasemahl dansa runt torget, hennes fötter rörde knappt marken. Byborna såg med häpnad på när hon snurrade och hoppade, hennes kjolar böljade ut runt henne som **vingar**. Hon tycktes glöda inifrån och kastade ett utomjordiskt **ljus** över allt hon rörde vid.

Arusaamise küsimused

1. Mis oli väljaku keskel asuvas katlas?

2. Mida tegid külaelanikud, kui nad kogunesid väljakule?

3. Mis oli kasemahla eesmärk?

4. Kuidas tundsid külaelanikud end pärast kasemahla joomist?

5. Kes oli Kasemahl?

6. Mida ütles Kasemahl külaelanikele?

7. Mida vaatasid külaelanikud, mida Kasemahl platsil tegi?

8. Kuidas Kasemahl välja nägi?

9. Mis juhtus külaelanikega pärast Kasemahli lahkumist?

10. Millist sündmust tähistasid külaelanikud?

Frågor om förståelse

1. Vad fanns i kitteln i mitten av torget?

2. Vad gjorde byborna när de samlades på torget?

3. Vad var syftet med björksaften?

4. Hur kände sig byborna efter att ha druckit björksaft?

5. Vem var Kasemahl?

6. Vad sa Kasemahl till byborna?

7. Vad såg byborna Kasemahl göra på torget?

8. Hur såg Kasemahl ut?

9. Vad hände med byborna efter att Kasemahl hade åkt?

10. Vad var det för tillfälle som byborna firade?

Skype

Kell oli 8 hommikul, kui ma ärkasin oma **äratuskella** helina peale, mis kostis kõrva. Tõusin laisalt voodist üles, tundes, et olen päevade kaupa maganud. Kui ma lülitasin äratuskella välja, nägin ma oma sülearvutit teisel pool tuba oma laual ja mulle tuli äkki mõte. Selle asemel, et kooliks valmistuda, võiksin lihtsalt oma voodis mugavalt Skype'i kaudu oma tundidesse minna! Käivitasin kiiresti oma arvuti ja logisin Skype'i sisse, veendudes, et kõik mu tunnid on **õiged,** enne kui helistasin igaühele eraldi. Et aega kokku hoida, panin oma sülearvuti ette isegi väikese "klassiruumi", kus olid **õpikud** ja märkmed, et tundide ajal näeks välja, nagu oleksin tähelepanelik (kuigi me kõik teame, et ma ei ole seda).

Kõik näis kulgevat plaanipäraselt, kuni meie ajalooõpetaja hakkas mulle otse küsimusi esitama... millele ma muidugi ei teadnud ka vastust, sest ma ei olnud üldse kuulanud! Paanikas püüdsin ma vastust välja mõelda, kuid õnneks päästis mind keegi teine, kes vastas hoopis **õigesti.** Puhh! See oli lähedal. Sellest ajast alates jälgisin, et ma tunnis tõesti kuulaksin (või vähemalt teeskleksin, et kuulan), et mind ei kutsutaks jälle välja. See oli palju lihtsam, kui ma arvasin, ja varsti oli koolipäev läbi. Kui ma Skype'ist välja logisin ja

Skype

Klockan var åtta på morgonen när jag vaknade till ljudet av min **väckarklocka som** ljöd i mitt öra. Jag steg slöt upp ur sängen och kände mig som om jag hade sovit i flera dagar. När jag stängde av larmet fick jag syn på min bärbara dator på mitt skrivbord på andra sidan rummet, och plötsligt kom jag på en idé. Istället för att behöva göra mig redo för skolan kunde jag bara skypea in på mina lektioner från min egen säng! Jag startade snabbt upp min dator och loggade in på Skype och såg till att alla mina lektionstider var **korrekta** innan jag ringde upp var och en för sig. För att spara tid satte jag till och med upp ett litet provisoriskt "klassrum" framför min laptop med några **läroböcker** och anteckningar så att det skulle se ut som om jag var uppmärksam under lektionen (även om vi alla vet att jag inte skulle vara det).

Allt verkade gå enligt plan tills vår **lärare** i historia började ställa frågor direkt till mig... som jag förstås inte visste svaret på heller, eftersom jag inte hade lyssnat alls! I panik försökte jag hitta på ett svar, men tack och lov räddade någon annan mig genom att svara **rätt i** stället. Puh! Det var nära ögat. Från och med då såg jag till att faktiskt lyssna på lektionen (eller åtminstone låtsas lyssna) så att jag inte skulle bli utpekad igen.

valmistasin end õhtusöögiks **alla** minema, ei saanud ma muud teha, kui olla enda üle uhke, et ma selle väikese skeemi edukalt läbi viinud olen. Alles hilisõhtul sain aru, et olin unustanud kodutöö ära teha... Ups! Noh, alati on olemas homne päev.

Järgmisel päeval ärkasin veidi hiljem kui tavaliselt ja kiirustasin oma sülearvutit õppetööks seadistama. Kui ma aga üritasin Skype'i sisse logida, tuli mulle veateade, et mu konto on peatatud. Uh oh... paistab, et keegi on minu väikesest plaanist aru saanud! Paanikas helistasin kiiresti **kooli** kontorisse, kus mulle öeldi, et nad olid tõepoolest teada saanud, mida ma tegin, ja et nad ei olnud selle üle õnnelikud. Karistuseks pidin nüüdsest alates osalema kõikides oma tundides isiklikult - enam ei saa ma skype'ile minna! See ei olnud **ideaalne** tulemus, kuid vähemalt sain oma õppetunni: ära püüa **süsteemi** petta, sest lõpuks jääd sa ikkagi kinni!

Det var mycket lättare än vad jag trodde att det skulle vara, och snart var skoldagen över. När jag loggade ut från Skype och förberedde mig för att gå **ner** för att äta middag kunde jag inte låta bli att känna mig stolt över mig själv för att jag lyckats genomföra denna lilla plan. Det var inte förrän senare på kvällen som jag insåg att jag hade glömt att göra mina läxor ... Oops! Nåväl, det finns alltid en morgondag.

Nästa dag vaknade jag lite senare än vanligt och skyndade mig att göra i ordning min bärbara dator för lektionen. När jag försökte logga in på Skype fick jag dock ett felmeddelande om att mitt konto hade stängts av. Uh oh... det verkar som om någon har kommit på min lilla plan! Jag ringde snabbt och panikslaget till skolkontoret och fick veta att de faktiskt hade fått reda på vad jag höll på med och att de inte var glada över det. Som straff skulle jag vara tvungen att närvara personligen på alla mina lektioner från och med nu - inget mer skypande för mig! Det var inte det **bästa** resultatet, men jag lärde mig åtminstone en läxa: försök inte lura **systemet,** för till slut kommer du att åka fast!

Arusaamise küsimused

1. Mida tegi peategelane, kui ta nägi oma sülearvutit?

2. Kuidas tundis peategelane end isiklikult tundides käies?

3. Mida tegi peategelane, kui ta mõistis, et unustas kodutöö ära?

4. Miks peatati peategelase Skype'i konto?

5. Mida õppis peategelane sellest kogemusest?

6. Mis kell peategelane ärkas?

7. Kus oli peategelane, kui teda klassis välja kutsuti?

8. Mida tegi peategelane selleks, et püüda vältida, et teda uuesti välja kutsutaks?

9. Mida ütles koolikontor peategelasele, kui nad helistasid?

10. Mis oli peategelase karistus?

Frågor om förståelse

1. Vad gjorde huvudpersonen när han såg sin bärbara dator?

2. Hur kändes det för huvudpersonen att gå på lektioner personligen?

3. Vad gjorde huvudpersonen när han insåg att han hade glömt sina läxor?

4. Varför stängdes huvudpersonens Skype-konto av?

5. Vad lärde sig huvudpersonen av denna erfarenhet?

6. Vilken tid vaknade huvudpersonen?

7. Var befann sig huvudpersonen när han eller hon blev utskälld i klassen?

8. Vad gjorde huvudpersonen för att undvika att bli utpekad igen?

9. Vad sa skolkontoret till huvudpersonen när de ringde?

10. Vad fick huvudpersonen för straff?

Laulev revolutsioon

See oli Eestis suure **murrangu** aeg. Nõukogude Liit oli kokku varisenud ja rahvas nõudis iseseisvust. Nende hulgas oli ka noor naine nimega Liina, kes unistas vaid sellest, et saaks vabalt laulda, ilma et peaks **kartma** repressioone. Ta ühines teistega tänavatel, lauldes isamaalisi laule ja nõudes Vene võimu lõpetamist. See oli vaimustav aeg ja ta tundis end elusana nagu kunagi varem. Nad **tegid** ajalugu ja ta teadis seda. Võimud püüdsid ülestõusu maha suruda, kuid see muutis inimesi vaid veelgi otsusekindlamaks. Lõpuks, pärast nädalaid kestnud proteste, võitis Eesti oma **vabaduse** ja Liina võis lõpuks ometi ilma murede ja piiranguteta oma südant välja laulda.

Ta rõõmustas koos oma kaasmaalastega, kui nad tähistasid oma raskelt võidetud vabadust. Nüüdseks on möödunud mitu aastat sellest, kui algas laulev revolutsioon, nagu seda hakati **nimetama.** Nüüdseks on Liina edukas laulja ja laulukirjutaja ning tema **muusikat** armastavad inimesed üle Eesti. Ta mäletab neid uimastavaid vabaduse päevi ikka veel suure kiindumusega ja teab, et laulude jõud on alati osa tema riigi loost. Tänapäeval kasutab Liina oma **platvormi**, et võtta sõna Eestis tõusva natsionalismi vastu. Ta teab,

Den sjungande revolutionen

Det var en tid av stora **omvälvningar** i Estland. Sovjetunionen hade kollapsat och folket krävde självständighet. Bland dem fanns en ung kvinna vid namn Liina, som inte drömde om något annat än att kunna sjunga fritt utan **rädsla** för repressalier. Hon anslöt sig till de andra på gatorna, sjöng patriotiska sånger och krävde ett slut på det ryska styret. Det var en spännande tid och hon kände sig levande som aldrig förr. De **skrev** historia, och det visste hon. Myndigheterna försökte slå ner upproret, men det gjorde bara folket mer beslutsamt. Till slut, efter veckor av protester, vann Estland sin **frihet** och Liina kunde äntligen sjunga sitt hjärta ut utan oro eller tvång.

Hon gladde sig tillsammans med sina landsmän när de firade sin svårvunna frihet. Det har nu gått flera år sedan den sjungande revolutionen, som den kom att **kallas,** började. Liina är numera en framgångsrik sångerska och låtskrivare och hennes **musik** älskas av människor över hela Estland. Hon minns fortfarande de berusande frihetsdagarna med stor förtjusning, och hon vet att sångens kraft alltid kommer att vara en del av hennes lands historia. Numera använder Liina sin **plattform** för att tala ut mot den ökande nationalismen

et riik on pärast neid süngeid nõukogude võimu päevi jõudnud nii kaugele ja ta ei taha näha, et taandarengut tehakse. Ta usub, et tema muusika on hea jõud ja võib aidata **tervendada** ühiskonnas tekkivaid lõhede.

Liina uusim album on kogumik laule sallivusest ja mõistmisest. See on saanud hea vastuvõtu nii kriitikute kui ka fännide poolt, paljud **on** öelnud, et see on täpselt see, mida Eesti praegu vajab. Ta jätkab oma häälega rahu ja ühtsuse edendamist oma armastatud kodumaal, lootes, et ühel päeval saavad kõik selle kodanikud taas **koos** laulda ilma hirmu ja vihkamiseta. Tulevik on ebakindel, kuid Liina jääb lootma. Ta teab, et laulu jõud võib muuta maailma, ja ta on otsustanud kasutada oma häält selleks, et muuta Eesti paremaks kohaks **kõigi jaoks**.

i Estland. Hon vet att landet har kommit så långt sedan de mörka dagarna av sovjetiskt styre, och hon vill inte se det gå tillbaka. Hon tror att hennes musik är en kraft för det goda och kan bidra till att **läka** de klyftor som håller på att uppstå i samhället.

Liinas senaste album är en samling sånger om tolerans och förståelse. Det har tagits emot väl av både kritiker och fans, och många **har** sagt att det är precis vad Estland behöver just nu. Hon kommer att fortsätta att använda sin röst för att främja fred och enighet i sitt älskade hemland och hoppas att alla dess medborgare en dag ska kunna sjunga **tillsammans** igen utan rädsla eller hat. Framtiden är osäker, men Liina förblir hoppfull. Hon vet att sångens kraft kan förändra världen, och hon är fast besluten att använda sin röst för att göra Estland till en bättre plats för **alla**.

Arusaamise küsimused

1. Mis oli Nõukogude Liidu kokkuvarisemine?

2. Mida üritasid võimud teha ülestõusu vastu?

3. Mida Eesti lõpuks võitis?

4. Millest räägib Liina viimane album?

5. Kuidas võeti vastu Liina viimane album?

6. Mida loodab Liina Eesti tulevikuks?

7. Kuidas tundis Liina end vabaduse uimastavatel päevadel?

8. Mida Liina usub, et tema muusika on jõud?

9. Mida teab Liina laulude võimest?

10. Milleks on Liina otsustanud oma häält kasutada?

Frågor om förståelse

1. Vad var Sovjetunionens sammanbrott?

2. Vad försökte myndigheterna göra åt upproret?

3. Vad vann Estland till slut?

4. Vad handlar Liinas senaste album om?

5. Hur mottogs Liinas senaste album?

6. Vad hoppas Liina på för Estlands framtid?

7. Hur kände Liina sig under frihetens berusande dagar?

8. Vad tror Liina att hennes musik är en kraft för?

9. Vad vet Liina om sångens kraft?

10. Vad är Liina fast besluten att använda sin röst till?

Rannas

Pärast päikesetõusu on lained kõvemad ja liiv üle loodete valge. Ma kõnnin alla randa, **imetlen** merd ja päikest. Mu varbad tunnetavad kallaste sooned. Liiv on mu varvastel külm. Naeratan ja lähen edasi. Vooluhulk on kõrge, nii et pean olema ettevaatlik, et mind ei tõmbaks sisse. Kõnnin mööda veepiiri, imetlen merd. Päikesetõus on **ilus** ja lained mürisevad. Tunnen end nii rahulikult. Jõuan kohale, kus on kiviklipp. Istun maha ja vaatan laineid. Vesi on nii sinine ja taevas on nii **oranž**. Ma tunnen, et olen nagu unes. Panen silmad kinni ja kuulan lihtsalt laineid. Istun seal kaua, kuni kuulen, et keegi hüüab mu nime.

Ma avan silmad ja näen ema minu poole kõndimas. Tal on murelik ilme. Naeratan ja lehvitan ning ta **rahuneb**. “Ma mõtlesin, kuhu sa läksid,” ütleb ta. “Mul on hea meel, et sa naudid randa.” Ma vastan: “Olen.” “Siin on nii ilus.” “Ma tean,” ütleb ta. “Ma käisin siin kogu aeg, kui olin sinu vanuses.” “Tõesti?” Ma küsin. “Jah,” vastab ta. “See on eriline koht.” “Kas sa oled siin kunagi kedagi erilist kohanud?” Ma küsin. “Olen,” vastab ta naeratades. “Sinu isa.” “Tõesti?” **Üllatun**, ütlen ma. “Jah,” ütleb ta. “Me käisime siin kogu aeg koos. See on koht, kus me armusime. “ Naeratan, **kujutades ette, kuidas** mu vanemad selles kaunis rannas armuvad.

På stranden

Efter soluppgången är vågorna högre och sanden ovanför tidvattnet är vit. Jag går ner till stranden och **beundrar** havet och solen. Mina tår känner skalens rännor. Sanden är kall på mina tår. Jag ler och fortsätter att gå. Tidvattnet är högt, så jag måste vara försiktig så att jag inte dras in. Jag går längs vattenkanten och beundrar havet. Soluppgången är **vacker och** vågorna slår mot varandra. Jag känner mig så fridfull. Jag kommer till en plats där det finns en klippavsats. Jag sätter mig ner och tittar på vågorna. Vattnet är så blått och himlen är så **orange**. Det känns som om jag befinner mig i en dröm. Jag blundar och lyssnar bara på vågorna. Jag satt där länge tills jag hörde någon ropa mitt namn.

Jag öppnar ögonen och ser min mamma gå mot mig. Hon har en orolig blick i ansiktet. Jag ler och vinkar och hon **slappnar av**. “Jag undrade vart du tog vägen”, säger hon. “Jag är glad att du njuter av stranden.” Jag svarar: “Det gör jag.” “Det är så vackert här.” “Jag vet”, säger hon. “Jag brukade komma hit hela tiden när jag var i din ålder.” “Verkligen?” Jag frågar. “Ja”, svarar hon. “Det är ett speciellt ställe.” “Träffade du någonsin någon speciell person här?” Jag frågar. “Det har jag gjort”, svarar hon med ett leende. “Din far.” “Verkligen?”

“See on eriline koht,” kordab ta. “Mul on hea meel, et sa täna siia tulid.”

Istume seal veel mõnda aega, **vaadates** laineid ja päikeseloojangut. Siis tõuseme üles ja kõnnime tagasi oma rannarätikute juurde. Ma heidan pikali ja vaatan tähti. Tunnen end nii õnnelikuna ja rahulolevana. Lained on nüüd valjemini ja liiv on külm. Päike on loojumas ja puhub jahe tuul. Lained löövad vastu randa ja õhus on soolalõhn. See on täiuslik õhtu rannas olemiseks. Ma kõnnin piki randa, **kuulan** lainete kohinat ja vaatan päikeseloojangut. Näen rühma inimesi, kes istuvad liival, naeravad ja naljatlevad. Nad näevad välja, et neil on lõbus. Lähen nende juurde ja küsin, kas ma võin nendega ühineda. Nad ütlevad “jah” ja me veedame ülejäänud õhtu vesteldes, naerdes ja **päikeseloojangut** vaadates. See on täiuslik õhtu. Rühm ja mina räägime kuni päikeseloojanguni. Jagame lugusid ja nalju ning meil kõigil on väga lõbus. Kui õhtu hakkab langema, hakkame kõik väsima. Me suudleme üksteist **hüvasti** ja läheme lahku. Ma kõnnin tagasi oma hotelli, tundes end õnnelikult ja rahulolevalt. Ma ei suuda uskuda, kui ilus on siin. Ma olen nii õnnelik, et olen seda **kogenud.**

Jag säger **förvånad**. "Ja", säger hon. "Vi brukade komma hit hela tiden tillsammans. Det var här vi blev förälskade. " Jag ler och **föreställer mig** mina föräldrar som förälskade sig på denna vackra strand. "Det är en speciell plats", upprepar hon. "Jag är glad att du kom hit i dag."

Vi sitter där ett tag till och **tittar på** vågorna och solnedgången. Sedan reser vi oss upp och går tillbaka till våra strandhanddukar. Jag lägger mig ner och tittar på stjärnorna. Jag känner mig så lycklig och nöjd. Vågorna är högre nu och sanden är kall. Solen håller på att gå ner och en sval bris blåser. Vågorna slår mot stranden och doften av salt ligger i luften. Det är en perfekt kväll att vara på stranden. Jag går längs stranden, **lyssnar** på vågornas ljud och tittar på solnedgången. Jag ser en grupp människor som sitter i sanden och skrattar och skämtar. De ser ut att ha det jättebra. Jag går fram till dem och frågar om jag får göra dem sällskap. De säger ja och vi tillbringar resten av kvällen med att prata, skratta och titta på **solnedgången**. Det är en perfekt kväll. Gruppen och jag pratar tills solen går ner. Vi delar med oss av historier och skämt och vi har alla väldigt roligt. När kvällen börjar falla börjar vi alla känna oss trötta. Vi kysser varandra **adjö** och går skilda vägar. Jag går tillbaka till mitt hotell och känner mig lycklig och nöjd. Jag kan inte fatta hur härligt det är här. Jag är så lyckligt lottad som har fått **uppleva** det.

Arusaamise küsimused

1. Kuhu läheb jutustaja pärast ärkamist?

2. Mida imetleb jutustaja, kui ta mööda randa kõnnib?

3. Mida peab jutustaja jälgima, kui ta mööda randa kõnnib?

4. Kuhu istub jutustaja, et nautida vaadet?

5. Kui kaua jutustaja seal istub?

6. Keda näeb jutustaja, kui ta taas silmad avab?

7. Mida ütleb jutustaja ema?

8. Millest räägivad jutustaja ja inimesed, kellega ta kohtub?

Frågor om förståelse

1. Vart går berättaren efter att hon vaknat?

2. Vad beundrar berättaren när hon går längs stranden?

3. Vad måste berättaren se upp för när hon går längs stranden?

4. Var sätter sig berättaren för att njuta av utsikten?

5. Hur länge sitter berättaren där?

6. Vem ser berättaren när hon öppnar ögonen igen?

7. Vad säger berättarens mamma?

8. Vad pratar berättaren och de människor hon träffar om?

Telkimine järve ääres

Ma kõnnin järve poole, **imetledes** selle rahulikku maastikku. Päike paistab väikesele järvele, muutes vee nagu klaasist. Ainus liikumine on aeg-ajalt pinnast **murdnud** kalade lainetus. Isegi linnud näivad kuumusest puhkavat, õhku täidab vaid tsiteerivate tšikatade heli. **Järsku** murrab rahu vali pritsimine. Suur **kala** on hüpanud veest välja, püüdes kinni liblikat. Kala ei taba oma sihtmärki ja kukub priskelt vette tagasi. "Vau," mõtlen ma endamisi, "see oli suur kala!". Vaatan ringi, et näha, kas keegi teine nägi seda, kuid kedagi ei ole ümberringi. Pean vist neile rääkima, kui laagrisse tagasi jõuan.

Kuumus on **rõhuv**, mistõttu on raske hingata. Õhk on paks ja raske, nagu oleks see nagu tekk sinu ümber mähitud. Ainus leevendus on vesi. See on jahe ja värskendav, nagu külm jook kuumal päeval. Hingan sügavalt sisse ja sukeldun vette. Leevendus on kohene, kui jahe vesi mind ümbritseb. Uin alla põhja ja siis tagasi pinnale, tundes, kuidas vesi mu keha jahutab. Ma jätkan **ujumist**, nautides kuumusest vabanemist. Mõne aja pärast tulen veest välja ja heidan murule pikali, lastes päikesel oma keha kuivatada. Sulgen silmad ja vajun magama, **tšikatade** heli uinutab mind

Camping vid sjön

Jag går mot sjön och **beundrar den** fridfulla scenen. Solen slår ner på den lilla sjön och får vattnet att se ut som en glasskiva. Den enda rörelsen är enstaka krusningar från en fisk som **bryter** ytan. Till och med fåglarna verkar ta en paus från värmen, endast ljudet av cikador fyller luften. **Plötsligt** bryts lugnet av ett högt plask. En stor **fisk** har hoppat upp ur vattnet och försöker fånga en trollslända. Fisken missar sitt mål och faller tillbaka i vattnet med ett plask. "Wow", tänker jag för mig själv, "det var en stor fisk!". Jag tittade mig omkring för att se om någon annan hade sett den, men det fanns ingen i närheten. Jag antar att jag får berätta för dem när jag kommer tillbaka till lägret.

Värmen är **tryckande och det är** svårt att andas. Luften är tjock och tung, som en filt som sveps runt dig. Den enda lättnaden finns i vattnet. Det är svalt och uppfriskande, som en kall dryck en varm dag. Jag tar ett djupt andetag och dyker ner i vattnet. Lättnaden är omedelbar när det svala vattnet omger mig. Jag simmar ner till botten och sedan tillbaka upp till ytan och känner hur vattnet kyler min kropp. Jag fortsätter att **simma** varv, och njuter av andningen från värmen. Efter ett tag stiger jag upp ur vattnet och lägger mig på gräset för

sügavasse unne. Lasen päikesel küpsetada vee oma nahast välja. Tunnen, kuidas mu nahk punetab, kuid ma ei hooli sellest. Mul on liiga palav, et sellest hoolida. järgmine asi, mida ma tean, on päike loojumas. Taevas on kaunis oranž, roosade ja lillade triipudega. Kuumus on kadunud, asemele on tulnud jahe **tuul**.

Tõusen üles ja panen riided selga, tundes end värskena ja noorena. **Hingan** sügavalt **sisse** jahedat õhku ja naeratan. On hea tunne olla elus. Kõnnin tagasi laagripaika, imetledes seda, kuidas värvid taevas tantsivad. Näen eemal põlevat lõket ja tunnen õhus suitsu lõhna. Naeratan ja **kiirendan** sammu. Olen valmis lõõgastuma ja nautima ülejäänud õhtut. Jalutan laagriplatsile ja näen, et kõik on kogunenud lõkke ümber. Nad **naeravad** ja naljatlevad ning ma näen, kuidas tuli peegeldub nende silmades. Naeratan ja istun oma sõprade kõrvale. On hea olla tagasi. Järgmisel hommikul ärkan varakult ja hakkan oma asju kokku pakkima. Ma olen innukas, et minna tagasi rajale ja jätkata oma teekonda. Ütlen oma sõpradele hüvasti ja hakkan minema kõndima. Jalutades heidan viimast korda pilgu **laagriplatsile**. Näen, et lõke põleb endiselt eemal, ja tunnen õhus suitsu lõhna. Naeratan ja kiirendan sammu. Olen valmis oma **teekonda** jätkama.

att låta solen torka min kropp. Jag sluter ögonen och somnar, ljudet av **cikadorna** vaggar mig in i en djup sömn. Jag låter solen bränna vattnet ur min hud. Jag känner hur min hud blir röd, men jag bryr mig inte. Jag är för varm för att bry mig. nästa sak jag vet är att solen går ner. Himlen är vackert orange med strimmor av rosa och lila. Hettan är borta och ersätts av en sval **bris**.

Jag reser mig upp och tar på mig kläderna igen, känner mig fräsch och föryngrad. Jag tar ett djupt **andetag** av den svala luften och ler. Det känns bra att vara vid liv. Jag går tillbaka till lägerplatsen och beundrar hur färgerna dansar på himlen. Jag ser lägerelden brinna i fjärran och känner lukten av rök i luften. Jag ler och **ökar** tempot. Jag är redo att slappna av och njuta av resten av kvällen. Jag går in på lägerplatsen och ser att alla är samlade runt elden. De **skrattar** och skämtar, och jag kan se elden spegla sig i deras ögon. Jag ler och sätter mig bredvid mina vänner. Det är skönt att vara tillbaka. Nästa morgon vaknar jag tidigt och börjar packa mina saker. Jag är ivrig att komma tillbaka på leden och fortsätta min resa. Jag tar farväl av mina vänner och börjar gå iväg. När jag går tar jag en sista titt på **lägerplatsen**. Jag kan se att elden fortfarande brinner i fjärran och jag kan känna lukten av rök i luften. Jag ler och ökar tempot. Jag är redo att fortsätta min **resa**.

Arusaamise küsimused

1. Kuhu kõndija läheb?

2. Milline ilm on?

3. Milline näeb vesi välja?

4. Kuidas reageerib kõndija kuumusele?

5. Mida kala teeb?

6. Miks on käija üksi?

7. Kuidas vesi tundub?

8. Kuidas tunneb kõndija end pärast ujumist?

9. Mis kellaaeg on, kui kõndija ärkab?

10. Kuhu läheb käija, kui ta laagrist lahkub?

Frågor om förståelse

1. Vart är gående på väg?

2. Vilket väder är det?

3. Hur ser vattnet ut?

4. Hur reagerar gående på värmen?

5. Vad gör fisken?

6. Varför är vandraren ensam?

7. Hur känns vattnet?

8. Hur känner sig gångaren efter simningen?

9. Vilken tid på dygnet är det när den rullatorn vaknar?

10. Vart tar vandraren vägen när han lämnar lägret?

Maja

Ma kolisin eelmisel nädalal oma uude majja ja olen nii **elevil**! See on palju suurem kui mu vana ja sellel on suur tagahoov. Ma ei jõua ära oodata, et sõpru grillima ja pidutsema kutsuda. Minu lemmikosa on minu uus magamistuba. See on nii suur ja hele ning mul on palju ruumi, kuhu ma kõik oma asjad paigutada. Ma olen oma uue majaga väga rahul ja ma arvan, et mul on siin väga hea elada. Ma otsustasin maja veidi rohkem uurida. Läksin teisele korrusele ja hakkasin köögi poole minema, kui nägin seinal suurt musta ämblikku! Ma karjusin ja jooksin alla. Ma olin nii **hirmul**! Aga mõne minuti pärast rahunesin ja otsustasin tagasi üles minna. Jõudsin aeglaselt kööki ja nägin, et ämblik oli kadunud. Ma olin nii kergendunud! Läksin tagasi alla ja otsustasin minna õue, et uurida **tagahoovi**. See oli nii suur! Ma ei suutnud seda uskuda. Nägin nurgas kiike ja liugu. Nägin ka korvpallivõrku ja **batuuti**. Ma olin nii elevil!

Ma ei jõua ära oodata, et kasutada kõiki neid uusi asju. **Naabrid tulid** kohale ja tutvustasid end. Nad tundusid väga toredad ja me vestlesime mõnda aega. Nad kutsusid mind järgmisel nädalavahetusel oma grillile ja ma ütlesin, et tulen hea meelega. Mul oli suurepärane esimene nädal uues majas ja ma olen põnevil kõigi uute seikluste pärast, mis ees ootavad. Täna lähen jälle

Huset

Jag flyttade in i mitt nya hus förra veckan, och jag är så **glad**! Det är så mycket större än mitt gamla och har en stor bakgård. Jag kan inte vänta på att få bjuda in vänner till grillkvällar och fester. Min favoritdel är mitt nya sovrum. Det är så stort och ljust, och jag har massor av utrymme att ställa alla mina saker. Jag är verkligen nöjd med mitt nya hus och jag tror att jag kommer att bli väldigt lycklig här. Jag bestämde mig för att utforska huset lite mer. Jag gick upp till andra våningen och började ta mig till köket när jag såg en stor svart spindel på väggen! Jag skrek och sprang ner för trappan. Jag var så **rädd**! Men efter några minuter lugnade jag mig och bestämde mig för att gå upp igen. Jag tog mig sakta fram till köket och såg att spindeln var borta. Jag var så lättad! Jag gick ner igen och bestämde mig för att gå ut och utforska **bakgården**. Den var så stor! Jag kunde inte tro det. Jag såg en gungställning i hörnet och en rutschkana. Jag såg också ett basketnät och en **studsmatta**. Jag var så uppspelt!

Jag kan inte vänta på att få använda alla dessa nya saker. **Grannarna** kom över och presenterade sig. De verkade riktigt trevliga och vi pratade en stund. De bjöd in mig till deras grillfest nästa helg, och jag sa att jag gärna vill komma. Jag har haft en fantastisk

tagahoovi uurima ja vaatan, mida ma veel leian. Kes teab, võib-olla leian isegi mõne **aarde**. Ma ei jõua ära oodata, mida järgmine nädal toob! Järgmisel nädalal läksin jälle tagahoovi uurima ja leidsin **salajase** aia. See oli nii ilus! Kõikjal olid lilled ja väike tiik, kus olid kalad. Samuti nägin ma kiike, mida ma polnud varem näinud. Ma olin nii elevil, et leidsin selle salajase aia, ja ma ei suuda ära oodata, et seda rohkem uurida. See oli nii **ilus**!

Kõikjal olid lilled ja väike tiik, kus olid kalad. Ma nägin ka **kiike, mida ma polnud** varem näinud. Ma olin nii põnevil, et leidsin selle salajase aia, ja ma ei suuda ära oodata, et seda rohkem uurida. Mulle meeldis ka minu uus tuba. See oli nii suur ja hele ning seintel olid juba minu lemmikbändide plakatid. Ma ei pidanud isegi mitte ühtegi oma **mööblit** kaasa võtma, sest siin oli juba olemas voodi, kapp ja kirjutuslaud. See saab olema parim aasta üldse! Ma olin natuke närvis, et alustan uues **koolis, aga** kõik mu uued naabrid on olnud nii sõbralikud. Ma kohtusin isegi ühe tüdrukuga, kes elab naabruses, ja ta ütles, et läheb minuga esimesel päeval koos kooli. Ma armastan oma uut maja ja olen nii põnevil, et saan alustada seda uut peatükki oma elus! Homne päev saab olema suurepärane!

första vecka i mitt nya hus, och jag är förväntansfull inför alla nya äventyr som väntar. I dag ska jag gå på upptäcktsfärd i trädgården igen och se vad mer jag kan hitta. Vem vet, kanske hittar jag till och med en **skatt**. Jag kan inte vänta på att se vad nästa vecka kommer att föra med sig! Nästa vecka gick jag på upptäcktsfärd i trädgården igen och hittade en **hemlig** trädgård. Den var så vacker! Det fanns blommor överallt och en liten damm med fiskar i. Jag såg också en gungställning som jag inte hade sett förut. Jag blev så glad över att hitta den här hemliga trädgården och jag kan inte vänta på att utforska den mer. Den var så **vacker**!

Det fanns blommor överallt och en liten damm med fiskar i. Jag såg också en gungställning som jag inte hade sett förut. Jag var så glad över att hitta den här hemliga trädgården och jag kan inte vänta på att utforska den mer. Jag älskade också mitt nya rum. Det var så stort och ljust, och det fanns redan affischer med mina favoritband på väggarna. Jag behövde inte ens ta med mig några egna **möbler** eftersom det redan fanns en säng, en byrå och ett skrivbord här. Det här kommer att bli det bästa året någonsin! Jag var lite nervös över att börja på en ny **skola,** men alla mina nya grannar har varit så vänliga. Jag har till och med träffat en tjej som bor bredvid och hon säger att hon ska gå till skolan med mig på min första dag. Jag älskar mitt nya hus, och jag är så glad över att börja detta nya kapitel i mitt liv! Morgondagen kommer att bli fantastisk!

Arusaamise küsimused

1. Kus isik elab?

2. Kuidas inimesele uues majas meeldib?

3. Mis on inimese lemmikosa uues majas?

4. Mida leidis inimene aiast?

5. Kes on naabrid?

6. Kuidas tundusid isiku esimesed päevad uues majas?

7. Mis on isiku lemmikosa uues toas?

8. Mida kavatseb isik homme teha?

9. Mis oli inimese esimese nädala parim osa uues majas?

10. Mis kõik on inimese uues toas?

Frågor om förståelse

1. Var bor personen?

2. Hur trivs personen i det nya huset?

3. Vad är personens favoritdel i det nya huset?

4. Vad hittade personen i trädgården?

5. Vilka är grannarna?

6. Hur kändes de första dagarna i det nya huset?

7. Vad är personens favoritdel i det nya rummet?

8. Vad planerar personen att göra i morgon?

9. Vad var det bästa med personens första vecka i det nya huset?

10. Vad finns i personens nya rum?

Rongis

Ma jooksin rongijaama, kuid olin liiga hilja. Rong oli juba ilma minuta ära sõitnud. Ma olin nii **vihane** ja **pettunud** endas. Mul oli plaanis sõita rongiga oma maal elavate vanavanemate juurde, kuid nüüd pidin ma terve tunni järgmist rongi ootama. Otsustasin selle asemel veidi aega linnas ringi jalutada ja püüdsin unustada oma kaotatud võimalust. Jalutades hakkasin **unistama** kõigist kohtadest, kuhu **rongiga** saab sõita. Järsku ei olnud ma enam nii ärritunud. Suunan tagasi jaama ja ei saa jätta märkamata suurt punavalget ja sinist vedurit, mis tormab minu poole. Alles siis, kui näen, kuidas **konduktor** mulle aknast lehvitab, saan aru, et see rong on minu jaoks. Ma astun rongile ja leian oma istekoha, asudes pikaks peetavaks reisiks sisse.

Kui me jaamast välja sõidame, ei saa ma muud teha, kui mõtlen, kuhu see rong mind viib. Läbi roheliste **põldude** ja üle siniste jõgede, mööda mägede ja orgude, ei tea, kuhu see vana rong sõidab. Kui öö hakkab langema, vajun ma **rahulikku** unne, mida lummab vagunite **rütmiline** liikumine rööbasteel. Kui hommik jälle saabub, avan silmad ja avastan, et oleme jõudnud väikesesse linna kusagil keset mitte midagi. Päike paistab just üle horisondi, kui kohalikud hakkavad Main Streetil ringi liikuma; see näeb siin välja nagu iga

På tåget

Jag sprang till tågstationen, men det var för sent. Tåget hade redan gått utan mig. Jag kände mig så **arg** och **besviken** på mig själv. Jag hade planerat att ta tåget för att besöka mina morföräldrar som bor på landet, men nu skulle jag behöva vänta en hel timme på nästa tåg. Jag bestämde mig för att gå runt i staden en stund i stället och försökte glömma min missade möjlighet. Medan jag gick började jag **dagdrömma** om alla de platser som **tågen** kan ta en till. Plötsligt var jag inte längre så upprörd. Jag går tillbaka in på stationen och kan inte låta bli att lägga märke till det stora röda, vita och blå lokomotivet som tuffar fram mot mig. Det är inte förrän jag ser **konduktören** vinka till mig från fönstret som jag förstår att det här tåget är till mig. Jag går ombord på tåget och hittar min plats och sätter mig ner för vad som lovar att bli en lång resa.

När vi lämnar stationen kan jag inte låta bli att undra vart tåget kommer att ta mig. Genom gröna **fält** och över blå floder, förbi berg och dalar, det går inte att säga vart det här gamla tåget kommer att ta vägen. När mörkret börjar falla glider jag in i en **fridfull** sömn, vaggad av den **rytmiska** rörelsen av vagnarna på spåren nedanför. När morgonen kommer igen öppnar jag ögonen och upptäcker att vi har anlänt till en liten

teine päev, välja arvatud üks asi - linnavalitsuse lähedal on suur silt “Tere tulemast!”. Tundub, et see väike linn on meid juba oodanud, kuigi me oleme lihtsalt tavaline reisirong, mis sõidab siit läbi. Kui jätame linna taas kord selja taha, tormates edasi, kes teab kuhu, naeratan kõigile sõbralikele nägudele, kes lehvitavad hüvasti nendest väikestest majadest, mis asuvad **põllumaade** vahel **- see** on tõesti hämmastav, kuidas midagi nii näiliselt tavalist võib tuua nii palju rõõmu lihtsalt läbisõiduga. Ja siis on muidugi **lapsed**.

Ma kummardun oma veduri aknast välja. Nad teevad mind oma säravate silmade ja suure naeratusega alati nii õnnelikuks. Ma lehvitan neile energiliselt tagasi, enne kui naasen oma **kajutisse** ja võtan istet. See on juba olnud pikk päev, kuid see pole veel lõppenud; on veel paar tundi, enne kui jõuame oma **lõppsihtkohta**. Võtan välja oma raamatu ja hakkan lugema, lastes rongi rütmilisel kiikumisel end rahulikku seisundisse uinutada. Aeg-ajalt heidan pilgu õuest mööduvale maastikule - see ei saa kunagi vanaks, ükskõik kui palju kordi ma seda näen. Lõpuks hakkab õhtu langema ja kauguses hakkavad **vilkuvad** tuled paistma; me oleme nüüd juba lähedal.

stad någonstans mitt ute i ingenstans. Solen tittar precis över horisonten när lokalbefolkningen börjar mingla runt på Main Street; det ser ut som vilken dag som helst här förutom en sak - det finns en stor skylt uppsatt nära stadshuset där det står “Välkommen ombord!”. Det verkar som om den här lilla staden har väntat på oss, trots att vi bara är ett vanligt passagerartåg som passerar på väg någon annanstans. När vi återigen lämnar staden bakom oss och tuffar vidare mot vem vet vart vi ska, ler jag åt alla vänliga ansikten som vinkar adjö från de små husen som ligger inbäddade bland **jordbruksmarken - det** är verkligen fantastiskt hur något så till synes ordinärt kan ge så mycket glädje bara genom att passera. Och sedan finns det naturligtvis **barnen**.

Jag lutar mig ut genom fönstret på mitt lokomotiv. De får mig alltid att känna mig så lycklig med sina lysande ögon och stora leenden. Jag vinkade energiskt tillbaka till dem innan jag återvände till min **hytt** och satte mig ner. Det har redan varit en lång dag, men den är inte över än; det är fortfarande några timmar kvar tills vi når vår **slutdestination**. Jag tar fram min bok och börjar läsa och låter tågets rytmiska gungning vagga mig in i ett lugnt tillstånd. Då och då tittar jag upp på landskapet som passerar förbi utanför - det blir aldrig gammalt hur många gånger jag än ser det. Så småningom börjar det bli mörkt och **blinkande** ljus börjar synas i fjärran; vi börjar närma oss nu.

Arusaamise küsimused

1. Kuhu sõidab rong?

2. Kes reisib rongiga?

3. Millal rong väljub?

4. Kuidas pääses peategelane rongile?

5. Kust tuleb rong?

6. Kuhu sõidab rong edasi?

7. Millal reisijad saabusid?

8. Mida tunneb peategelane, kui ta rongist maha jääb?

9. Kuidas reageerib rongijuht, kui ta näeb peategelast?

10. Miks peategelasele meeldivad rongid?

Frågor om förståelse

1. Vart är tåget på väg?

2. Vem reser med tåget?

3. När avgår tåget?

4. Hur kommer huvudpersonen ombord på tåget?

5. Varifrån kommer tåget?

6. Vart ska tåget åka nästa gång?

7. När anlände passagerarna?

8. Hur känner sig huvudpersonen när han missar tåget?

9. Hur reagerar lokföraren när han ser huvudpersonen?

10. Varför gillar huvudpersonen tåg?

Õhtusöögi valmistamine

Kell on nüüd 17.00 ja ma kõnnin töölt koju. **Ootan** rahulikku õhtut kodus koos oma partneriga. Valmistame koos õhtusööki ja siis lihtsalt lõõgastume ülejäänud õhtu. Hea tunne on teada, et mul ei ole täna **õhtul** mingeid plaane ega kohustusi. Jõuan koju ja mu partner on juba köögis, alustades meie õhtusöögi valmistamist. Siin lõhnab **hämmastavalt!** Me vestleme toiduvalmistamise ajal, räägime üksteise päevast ja jagame väikeseid lugusid oma tööelust. Köök on minu lemmikruum meie korteris. Ma armastan süüa teha ja eriti armastan süüa teha koos oma partneriga. Meil on siin alati nii lõbus, me naerame ja naljatame, samal ajal kui me tormiliselt süüa teeme. Lisaks on toit alati **uskumatu,** kui me **koos** töötame.

Täna õhtul teeme ühte minu kõigi aegade lemmikretsepti: **kana** parmesani. Minu partner alustab kana paneerimisega, samal ajal kui mina panen kastme **pliidil** keema. Me töötame koos nagu hästi õlitatud masin ja peagi on õhtusöök serveerimiseks valmis. Istume oma väikese köögilaua taha, **taldrikud** täis kana Parmesani, pastat ja salatit. Klõbistame klaasidega ja võtame esimese suutäie - ja see on **taevalik**! Kana on väljastpoolt krõbe, kuid seestpoolt mahlakas; kaste

Matlagning av middag

Klockan är 17.00 och jag går hem från jobbet. Jag ser **fram emot en** lugn kväll hemma med min partner. Vi ska laga middag tillsammans och sedan bara slappna av resten av kvällen. Det känns skönt att veta att jag inte har några planer eller skyldigheter den här **kvällen**. Jag kommer hem och min partner står redan i köket och börjar förbereda vår middag. Det luktar **fantastiskt** här inne! Vi pratar medan vi lagar mat, tar del av varandras dagar och delar med oss av små historier från våra arbetsliv. Köket är mitt favoritrum i vår lägenhet. Jag älskar att laga mat, och jag älskar särskilt att laga mat tillsammans med min partner. Vi har alltid så roligt här inne, skrattar och skämtar medan vi lagar en storm. Dessutom blir maten alltid **otrolig** när vi arbetar **tillsammans**.

Ikväll ska vi laga ett av mina absoluta favoritrecept: **kyckling** parmesan. Min partner börjar med att panera kycklingen medan jag får såsen att sjuda på **spisen**. Vi arbetar tillsammans som en väloljad maskin och snart är middagen klar att serveras. Vi sätter oss vid vårt lilla köksbord med **tallrikar** fulla med kyckling parmesan, pasta och sallad. Vi klinkar i glasen och tar vår första tugga - och den är **himmelsk**! Kycklingen är krispig

on maitsekas ja täiuslik; pasta on keedetud al dente... kõik maitseb täna absoluutselt ideaalselt. Me mõlemad teame, et see oli üks neist õhtutest, kus kõik on lihtsalt ideaalselt kokku tulnud, kui me **naudime** iga viimast suutäit oma maitsvat sööki. See maitses isegi paremini, kui see lõhnas - mis oli päris kuradi hea! Me lõpetame oma söögi suhteliselt kiiresti, sest kumbki meist ei ole täna eriti näljane, kuid me võtame aega, nautides veel paar **klaasi** veini ja vesteldes samal ajal kergelt sellest ja sellest teemast. Pärast õhtusööki koristame koos kiiresti ära ja liigume siis elutuppa, kus veedame mõnda aega telerit vaadates diivanil **kallistades.**

Pärast pikka **tööpäeva** on nii mõnus olla üksteisele lähedal. Ma tunnen end rahulolevana. Kuigi meil ei olnud sündmusterohket õhtut, oli tore lihtsalt koos aega veeta, ilma et oleksime pidanud kodust välja minema. Vaatasime filmi ja läksime varakult magama, olles **rahul** oma lihtsa õhtuga. Sellest on saanud üks meie lemmiktegevusi õhtutel, kui me ei taha välja minna - lihtsalt lõõgastume kodus ja naudime üksteise seltskonda koduse söögi juures. Alati on tore teada, et saame pärast pikka päeva siia tagasi tulla ja lihtsalt iseendaks jääda. **Lõpuks** hakkame mõlemad haukuma, nii et otsustame minna üles voodisse, kus loeme veidi, enne kui kugeldume tihedalt teki alla ja magame sügavalt sisse.

på utsidan men saftig på insidan, såsen är smakrik och perfekt, pastan är kokt al dente... allt smakar helt perfekt i kväll. Vi vet båda att det här var en av de kvällar där allting bara kom samman perfekt när vi **njuter av** varenda tugga av vår utsökta måltid. Den smakade ännu bättre än den luktade - vilket var jäkligt bra! Vi äter upp vår måltid relativt snabbt eftersom ingen av oss är särskilt hungrig idag, men vi tar oss tid att njuta av ytterligare några **glas** vin medan vi pratar lättsamt om det ena eller andra ämnet. Efter middagen städar vi snabbt tillsammans och flyttar sedan in i vardagsrummet där vi tillbringar lite tid med att **mysa** i soffan medan vi tittar på TV.

Det känns så skönt att bara vara nära varandra efter en lång **arbetsdag**. Jag känner mig nöjd. Även om vi inte hade någon händelserik kväll var det trevligt att bara tillbringa lite tid tillsammans utan att behöva lämna huset. Vi tittade på en film och gick tidigt till sängs och kände oss **nöjda** med vår enkla kväll. Detta har blivit en av våra favoritsaker att göra på kvällar när vi inte vill gå ut - bara koppla av hemma och njuta av varandras sällskap över en hemlagad måltid. Det är alltid trevligt att veta att vi kan komma tillbaka hit efter en lång dag och bara vara oss själva. **Så småningom** börjar vi båda gäspa, så vi bestämmer oss för att gå upp till sängen, där vi läser en stund innan vi myser tätt intill varandra under täcket och somnar ordentligt.

Arusaamise küsimused

1. Kust on jutustaja pärit?

2. Mida teeb jutustaja pärast tööd?

3. Mida sööb jutustaja õhtusöögiks?

4. Miks meeldib jutustajale köök?

5. Millist rooga valmistab paar?

6. Kuidas tunneb jutustaja end õhtu lõpus?

7. Mis on paari lemmiktegevus?

8. Mida teeb paar, kui nad väsivad?

9. Kus nad magavad?

10. Miks meeldib jutustajale kodus olla?

Frågor om förståelse

1. Varifrån kommer berättaren?

2. Vad gör berättaren efter jobbet?

3. Vad äter berättaren till middag?

4. Varför gillar berättaren köket?

5. Vilken typ av maträtt lagar paret?

6. Hur känner sig berättaren i slutet av kvällen?

7. Vad är parets favoritsak att göra?

8. Vad gör paret när de blir trötta?

9. Var sover de?

10. Varför vill berättaren stanna hemma?

Jalutuskäik koju

See oli **rahulik** õhtu, kui ma töölt koju kõndisin. Jalutades ei saanud ma muud teha, kui naeratada mälestuste üle. Oli hea tunne olla tagasi oma vanas naabruskonnas. Ma lehvitasin mõnele tuttavale inimesele ja nad lehvitasid tagasi. Oli hea olla kodus. Jalutasin oma vanast koolist mööda ja **meenutasin** kõiki häid aegu, mis mul oma sõpradega olid. Me kõndisime alati koos koju ja rääkisime oma päevast. **Mõnikord** peatusime ja võtsime jäätist või läksime parki. Need olid parimad ajad. Ma igatsen neid aegu. Aga nüüd on mul oma pere ja ma olen oma eluga rahul. Mul on hea meel, et ma võin neile mälestustele tagasi vaadata ja naeratada. Need on osa minu elust, mida ma alati kalliks pean. Need olid parimad ajad. Ma igatsen neid aegu. Aga nüüd on mul oma pere ja ma olen oma eluga rahul. Mul on hea meel, et ma saan neile **mälestustele** tagasi vaadata ja naeratada. Need on osa minu elust, mida ma alati kalliks pean.

Ma kõnnin edasi, mõeldes headele aegadele, mis mul oma sõpradega olid. Ma tean, et näen neid varsti uuesti. Ma suundun oma kodu poole ja otsustan kõndida läbi lähedalasuva pargi. Päike on loojumas ja taevas on muutumas **ilusaks** oranžiks. Park on tühi, välja arvatud mõned linnud, kes laulavad puude vahel.

Att gå hem

Det var en **lugn** natt när jag gick hem från jobbet. När jag gick kunde jag inte låta bli att le åt minnena. Det kändes bra att vara tillbaka i mitt gamla kvarter. Jag vinkade till några personer som jag kände och de vinkade tillbaka. Det var skönt att vara hemma. Jag gick förbi min gamla skola och **mindes** alla goda stunder som jag hade haft med mina vänner. Vi brukade alltid gå hem tillsammans och prata om vår dag. **Ibland** stannade vi och köpte glass eller gick till parken. Det var de bästa tiderna. Jag saknar dessa tider. Men nu har jag min egen familj och är nöjd med mitt liv. Jag är glad att jag kan se tillbaka på dessa minnen och le. De är en del av mitt liv som jag alltid kommer att uppskatta. Det var den bästa tiden. Jag saknar den tiden. Men nu har jag min egen familj och är lycklig med mitt liv. Jag är glad att jag kan se tillbaka på dessa **minnen** och le. De är en del av mitt liv som jag alltid kommer att uppskatta.

Jag fortsätter att gå och tänker på de fina stunderna med mina vänner. Jag vet att jag snart kommer att träffa dem igen. Jag går mot mitt hem och bestämmer mig för att gå genom en park i närheten. Solen håller på att gå ner och himlen får en **vacker** orange färg. Parken är tom, förutom några fåglar som kvittrar i träden. Jag tar ett djupt **andetag och** ler. När jag går genom parken

Hingan sügavalt **sisse** ja naeratan. Pargis jalutades näen taevas langevat tähte. Soovin seda tähte ja kõnnin edasi. Mõtlen oma tööpäevale ja sellele, kui **rahulik** see oli. Naeratan endale, mõeldes, kui õnnelik ma olen, et mul on nii hea töö. Kõnnin koju, **tundes** jahedat ööõhku oma nahal. Ma tunnen end nii elavana ja õnnelikuna, nautides lihtsalt seda, et kõnnin rahulikul ööl koju. Tundsin end nii hästi, et hakkasin **vilistama**. Jalutasin tänaval mõnest inimesest mööda, kuid nad kõik tegelesid oma asjadega.

Keerasin oma tänavale ja nägin oma naabri kassi, härra Viskit, minu verandal istumas. Ütlesin talle tere ja ta miautas tagasi. **Tegin** ukse **lahti** ja läksin sisse. Olin nii õnnelik, et olin kodus. Võtsin kingad jalast ja valmistasin end voodisse. Läksin sel õhtul magama, olles õnnelik ja tänulik, mu süda oli täis armastust. Magasin terve öö rahulikult, ilma et oleksin millegi pärast muretsenud. Ärkasin rahulikust unest ja mind **tervitas** aknast sisse paistev päike. Tõusin voodist ja sirutasin end, hingasin sügavalt sisse ning tundsin, kuidas jahe õhk mu kopsud täitis. Kõndisin akna juurde ja vaatasin välja, kuulsin lindude siplemist ja **oravate** mängimist. Naeratasin ja läksin riietuma, tundes end õnnelikuna ja rahulolevana. Mul oli olnud suurepärane päev, veetsin aega oma **sõprade** ja perega. Ma naersin ja naljatasin ning lihtsalt **nautisin** ennast.

ser jag ett stjärnskott röra sig över himlen. Jag önskar mig något på den stjärnan och fortsätter att gå. Jag tänker på min dag på jobbet och hur **fridfull** den var. Jag ler för mig själv och tänker på hur lycklig jag är som har ett så bra jobb. Jag går hem och **känner den** svala nattluften på min hud. Jag känner mig så levande och lycklig, när jag bara njuter av den enkla handlingen att gå hem en lugn natt. Jag kände mig så bra att jag började **vissla**. Jag gick förbi några människor på gatan, men alla skötte sig själva.

Jag svängde runt hörnet på min gata och såg grannens katt, Mr Whiskers, sitta på min veranda. Jag sa hej till honom och han mejade tillbaka. Jag **låste upp** min dörr och gick in. Jag var så glad över att vara hemma. Jag tog av mig skorna och gjorde mig redo för sängen. Jag gick till sängs den kvällen och kände mig glad och tacksam, mitt hjärta fullt av kärlek. Jag sov gott hela natten och oroade mig inte för någonting. Jag vaknade upp från en vilsam sömn och **möttes** av solen som sken in genom mitt fönster. Jag gick upp ur sängen och sträckte mig, tog ett djupt andetag och kände hur den svala luften fyllde mina lungor. Jag gick till mitt fönster och tittade ut, hörde fåglarna kvittra och **ekorrarna** leka. Jag log och gick och klädde på mig och kände mig glad och nöjd. Jag hade haft en fantastisk dag och tillbringat tid med mina **vänner** och min familj. Jag skrattade och skämtade och bara **njöt**.

Arusaamise küsimused

1. Mida tegi peategelane, kui lugu algas?

2. Mida mõtles peategelane koju kõndides?

3. Mida tavatses peategelane koos sõpradega pärast kooli teha?

4. Mida peategelane nendest aegadest igatseb?

5. Mida arvab peategelane oma praegusest elust?

6. Mida teeb peategelane, kui ta näeb langevat tähte?

7. Mida tunneb peategelane, kui ta koju läheb?

8. Mida teeb peategelane, kui ta koju jõuab?

9. Kuidas tunneb peategelane end järgmisel hommikul ärgates?

10. Mida teeb peategelane järgmisel päeval?

Frågor om förståelse

1. Vad gjorde huvudpersonen när berättelsen började?

2. Vad tänkte huvudpersonen på när han gick hem?

3. Vad brukade huvudpersonen göra med sina vänner efter skolan?

4. Vad saknar huvudpersonen från den tiden?

5. Vad tycker huvudpersonen om sitt nuvarande liv?

6. Vad gör huvudpersonen när de ser ett stjärnfall?

7. Hur känner sig huvudpersonen när de går hem?

8. Vad gör huvudpersonen när de kommer hem?

9. Hur känner sig huvudpersonen när han vaknar nästa morgon?

10. Vad gör huvudpersonen nästa dag?

Loss

Perekond oli alati tahtnud külastada ühte vana lossi **Saksamaal** ja lõpuks võtsid nad selle reisi ette. Nad ei olnud **pettunud**. Loss oli ilus ning nad nautisid selle paljude tubade ja koridoride avastamist. Esimene asi, mis neid tabas, oli lõhn. Nad leidsid **hallitust**, niiskust ja midagi muud, mida nad ei osanud täpselt määratleda. Teine asi oli heli. Kiviseinad on küll paksud, kuid need ei summuta heli täielikult. Nad kuulsid iga sammu, iga normaalse häälega öeldud sõna ja aeg-ajalt **kuskil** eemal tilkuvat vett. Kui nende silmad kohanesid hämaraga, nägid nad ümberringi massiivseid kiviseinu, mille küljes rippusid seintelt **räsitud** kaltsukesed. Nad seisid tohutus saalis, mille kõrget lage toetasid nikerdatud sambad. Neile meeldis ka tornidest avanev vaade ja lastel oli väga lõbus ringi joosta. **Päike** oli hakanud loojuma, kui nad lossi avastamisega lõpetasid, ja nad kahetsesid, et ei olnud **taskulampi** kaasa võtnud. Nad otsustasid minna tagasi sissepääsu juurde, kuid peagi leidsid nad end eksinud olevat. Nad ekslesid ringi tundus olevat tundide kaupa, kuni lõpuks leidsid nad ukse, mis viis väljapoole. Nad läksid edasi, kuni **jõudsid** saali lõppu ja jõudsid imposantsete topeltuste juurde. Nad püüdsid, kuidas tahtsid, kuid uksed ei liigutanud end. Need kolisesid **kurjakuulutavalt**, kuid ei liikunud sentigi. Näis, et kes iganes siin varem oli, pidi

Slottet

Familjen hade alltid velat besöka ett gammalt slott i **Tyskland,** och till slut gjorde de resan. De blev inte **besvikna**. Slottet var vackert och de njöt av att utforska dess många rum och korridorer. Det första som slog dem var lukten. De hittade **mögel**, fukt och något annat som de inte riktigt kunde sätta fingret på. Det andra var ljudet. Stenväggar är tjocka, men de dämpar inte ljudet helt och hållet. De hörde varje fotsteg, varje ord som sades med normal röst och ibland droppade vatten **någonstans** i fjärran. När deras ögon anpassade sig till det svaga ljuset såg de massiva stenväggar som tornade upp sig runt omkring dem och från dem hängde gobelänger i **trasiga** fragment. De stod i en enorm sal med högt tak som stöddes av snidade pelare. De älskade också utsikten från tornen, och barnen hade en fantastisk tid att springa runt på området. **Solen** hade börjat gå ner när de var klara med att utforska slottet, och de ångrade att de inte hade tagit med sig en **ficklampa**. De bestämde sig för att ta sig tillbaka till ingången, men fann sig snart vilse. De vandrade runt i vad som kändes som timmar, tills de slutligen kom till en dörr som ledde ut. De fortsatte tills de **nådde** slutet av hallen och kom till en imponerande uppsättning dubbeldörrar. De försökte hur mycket de än gjorde, men dörrarna rörde sig inte. De skramlade **betänkligt**

siit läbi käima ja need seestpoolt lukustama. Lõpuks leiavad nad väljapääsu. Rahulolu valdas neid, kui nad astusid välja jahedasse ööõhku.

Päike oli hakanud loojuma ja nad **kahetsesid, et** ei olnud taskulampi kaasa võtnud. Nad otsustasid minna tagasi sissepääsu juurde, kuid peagi leidsid nad end eksinud olevat. Nad ekslesid ringi, mis tundus tundide viisi, kuni lõpuks leidsid nad ukse, mis viis **välja**. Kui nad jahedasse ööõhku astusid, valdas neid kergendus. Järgmisel õhtul võtsid nad kindlasti taskulambi kaasa, kui nad uurisid ülejäänud lossi. Nad kõndisid läbi **siseõue** ja alla jõe äärde, mis voolas lossimüüride taga. Kui nad ringi kõndisid, hakkasid nad kuulma kummalisi hääli. See kõlas nii, nagu oleks keegi neid jälginud. Nad kiirendasid oma sammu, kuid hääled muutusid valjemaks ja lähemale. Perekond jooksis nii kiiresti kui võimalik tagasi lossi ja nägid kergendatult, et **tumedas** mantlis tegelane ei olnud neile järgnenud.

men rörde sig inte en tum. Det såg ut som om den som varit här tidigare måste ha gått igenom här och låst dem inifrån. Så småningom hittar de en väg ut. Lättnad sköljde över dem när de klev ut i den svala nattluften.

Solen hade börjat gå ner och de **ångrade** att de inte hade tagit med sig en ficklampa. De bestämde sig för att ta sig tillbaka till ingången, men fann sig snart vilse. De vandrade runt i vad som kändes som timmar, tills de slutligen kom till en dörr som ledde **ut**. Lättnad sköljde över dem när de klev ut i den svala nattluften. Nästa kväll såg de till att ta med sig en ficklampa när de utforskade resten av slottet. De gick genom **gården** och ner till floden som rann bakom **slottets** murar. Medan de gick runt började de höra konstiga ljud. Det lät som om någon följde efter dem. De ökade tempot, men ljuden blev högre och närmare. Familjen sprang tillbaka till slottet så fort de kunde, och de var lättade över att se att figuren i den **mörka** kappan inte hade följt efter dem.

Arusaamise küsimused

1. Mida tegi perekond, kui nad lossi eksisid?

2. Mida tundis perekond, kui nad avastasid, et tegemist on lihtsalt kohaliku mehega?

3. Mida tegi mees, mille tõttu ta arreteeriti?

4. Milline oli selle mehe karistus?

5. Millist müra kuulis perekond jalutuskäigu ajal?

6. Kus oli tumedas mantlis kuju, kui perekond teda nägi?

7. Mida tegi perekond, kui nad oma tuppa tagasi jõudsid?

8. Millal perekond jälle lossi uurima läks?

9. Mis oli see asi, mida pere ei suutnud kindlaks teha?

10. Mida tegi perekond enne, kui nad läksid uuesti lossi uurima?

Frågor om förståelse

1. Vad gjorde familjen när de gick vilse i slottet?

2. Hur kände sig familjen när de fick reda på att det bara var en lokal man?

3. Vad gjorde mannen som gjorde att han blev arresterad?

4. Vilken var domen för mannen?

5. Vilket ljud hörde familjen när de gick?

6. Var befann sig figuren i den mörka kappan när familjen såg honom?

7. Vad gjorde familjen när de kom tillbaka till sitt rum?

8. När gick familjen på upptäcktsfärd i slottet igen?

9. Vad var det som familjen inte kunde sätta fingret på?

10. Vad gjorde familjen innan de gick på upptäcktsfärd i slottet igen?

Minu aed

Minu aed on minu õnnelik koht. Ma lähen sinna iga päev, olgu vihma või vihma, ja veedan aega oma taimede eest hoolitsedes. Mul on natuke **kõike - köögivilju**, puuvilju, lilli, maitsetaimi. Mul on isegi paar kana, kes aitavad kahjureid eemal hoida. Alustan oma päevi aias kanade munade kogumisega. Seejärel kontrollin oma köögivilju, et nad saaksid piisavalt vett ja päikest. Ma rohtun voodeid ja noppin ära kõik putukad, mis võivad taimi **rünnata.** Kui **kõik** on tehtud, istun maha ja naudin looduse rahu ja vaikust.

Mulle on alati meeldinud oma aias aega veeta. Loodus ja kogu selle pakutav **ilu** ümbritsevad mind kuidagi. Minu arvates on see väga rahulik ja rahustav koht. Veedan sageli aega oma aias lihtsalt lõõgastudes ja maastikku nautides. Samuti meeldib mulle aias töötada ja asju kasvatada. Mul on päris suur aed ja mulle meeldib seal erinevaid asju kasvatada. Ma kasvatan lilli, **köögivilju** ja maitsetaimi. Mul on ka mõned viljapuud, mis toodavad maitsvaid õunu, pirne ja ploome. Lisaks kasvatamisele meeldib mulle ka lihtsalt oma aias ringi jalutada ja **imetleda** kõiki erinevaid taimi ja loomi, kes seda aeda koduks peavad. Olen aastate jooksul veetnud palju tunde, et muuta oma **aed** mitte ainult ilusaks, vaid ka funktsionaalseks. Mulle meeldib jälgida

Min trädgård

Min trädgård är min lyckliga plats. Jag går ut dit varje dag, regn eller solsken, och ägnar tid åt att sköta mina växter. Jag har lite av **allt - grönsaker**, frukt, blommor och örter. Jag har till och med några höns som hjälper till att hålla skadedjuren borta. Jag börjar mina dagar i trädgården med att hämta ägg från hönorna. Sedan kollar jag mina grönsaker och ser till att de får tillräckligt med vatten och sol. Jag ogräsrensar rabatterna och plockar bort eventuella insekter som **angriper** växterna. När **allt är klart** sitter jag tillbaka och njuter av naturens lugn och ro.

Jag har alltid älskat att tillbringa tid i min trädgård. Det är något med att vara omgiven av naturen och all den **skönhet som** den har att erbjuda. Jag tycker att det är en mycket fridfull och lugnande plats. Jag tillbringar ofta tid i min trädgård med att bara koppla av och njuta av landskapet. Jag tycker också om att arbeta i min trädgård och odla saker. Jag har en ganska stor trädgård och jag tycker om att odla en mängd **olika** saker i den. Jag odlar blommor, **grönsaker** och örter. Jag har också några fruktträd som producerar läckra äpplen, päron och plommon. Förutom att odla saker tycker jag också om att bara gå runt i min trädgård och **beundra** alla olika växter och djur som bor där. Jag har

lindude lendlemist ja kuulata nende laulmist. Mõnikord võtan isegi raamatu välja ja loen aias, olles ümbritsetud kogu selle ilu poolt, mille olen loonud. **Aiatöö** on minu kirg ja see toob mulle nii palju rõõmu. Iga päev minu aias on hea päev.

Üks asi, mida ma armastan teha, on süüa teha, seega on hästi varustatud ürdiaed minu jaoks väga **oluline.** Tüümian, basiilik, pune, rosmariin, salvei ja lavendel on vaid mõned maitsetaimed, mida mulle meeldib oma aias kasvatada, et saaksin neid kasutada, kui valmistan endale või **külalistele** toitu. Veel üks asi, mis on minu jaoks oluline, on tagada, et minu aias oleks palju värvi. Selle eesmärgi saavutamiseks kasvatan ma mitmesuguseid lilli, sealhulgas **roose**, lillioone, marliuneid, tulpe, impatiens'e, astelpaju jne. Lisaks lilledega värvide lisamisele meeldib mulle ka huvi lisada, kasutades erinevaid **tekstuure** kogu aias. Näiteks võin ma istutada sõnajalgu kõrguvate päevalillede alla või hostasid **kõrvuti** okkaliste dekoratiivsete rohttaimedega. Olenemata sellest, mis iganes muidu elus toimub, aitab aias töötamine **mul** alati tunda end rohkem loodusega seotud ja endaga rahulikumalt.

tillbringat många timmar under årens lopp med att göra min **trädgård** till en plats som inte bara är vacker utan också funktionell. Jag älskar att titta på fåglarna som fladdrar runt och lyssna på deras sång. Ibland tar jag till och med fram en bok och läser i trädgården medan jag är omgiven av all den skönhet som jag har skapat. **Trädgårdsarbete** är min passion och det ger mig så mycket glädje. Varje dag i min trädgård är en bra dag.

Jag älskar att laga mat och därför är det **viktigt** för mig att ha en välfylld örtträdgård. Timjan, basilika, oregano, rosmarin, salvia och lavendel är bara några av de örter som jag gillar att odla i min trädgård så att jag kan använda dem när jag lagar mat till mig själv eller till **gäster**. En annan sak som är viktig för mig när det gäller min trädgård är att se till att det finns gott om färg i hela trädgården. För att uppnå detta mål odlar jag en mängd olika blommor, bland annat **rosor**, liljor, prästkragar, tulpaner, impatiens, ringblommor osv. Förutom att ge färg med blommor gillar jag också att skapa intresse genom att använda olika **texturer i** hela trädgården. Jag kan till exempel plantera ormbunkar under höga solrosor eller hostor **tillsammans med** spetsiga prydnadsgräs. Oavsett vad som händer i livet **lyckas** arbetet i min trädgård alltid hjälpa mig att känna mig mer förknippad med naturen och känna mig i fred med mig själv.

Arusaamise küsimused

1. Kus on autori aed?

2. Mitu kana on autoril?

3. Mida teeb autor iga päev aias?

4. Miks meeldib autorile aed?

5. Milliseid maitsetaimi istutab autor aeda?

6. Miks on autori jaoks oluline, et tema aias on palju värve?

7. Kuidas toob autor oma aeda mitmekesisust?

8. Mida tunneb autor, kui ta oma aias töötab?

9. Mis paneb autorit oma aias viibides ühendama?

10. Miks on iga päev autori aias hea päev?

Frågor om förståelse

1. Var ligger författarens trädgård?

2. Hur många höns har författaren?

3. Vad gör författaren i trädgården varje dag?

4. Varför tycker författaren om trädgården?

5. Vilka örter planterar författaren i trädgården?

6. Varför är det viktigt för författaren att det finns många färger i hans trädgård?

7. Hur skapar författaren variation i sin trädgård?

8. Hur känner sig författaren när han arbetar i sin trädgård?

9. Vad är det som gör att författaren känner sig uppslukad när han är i sin trädgård?

10. Varför är varje dag i författarens trädgård en bra dag?

Ostlemas käimine

Mulle meeldib kaubanduskeskuses **šoppamas** käia. Seal on alati nii lõbus ringi jalutada ja kõiki erinevaid poode vaadata. Kaubanduskeskuses on igaühele midagi ja seal on alati hea võimalus leida soodsaid riideid, jalatseid ja aksessuaare. **Tavaliselt** alustan oma ostureisi kaubanduskeskuse **peasissekäiguga.** Sealt suundun kõigepealt oma lemmikpoodidesse. Pärast nende poodide läbivaatamist kõnnin ringi ja vaatan, kas teistes kohtades on käimas mingi soodusmüük. Tavaliselt veedan kaubanduskeskuses paar tundi, enne kui lõpuks oma ostud teen. Mulle meeldib ostude tegemisel alati aega võtta**, sest** ma tahan olla kindel, et saan **täpselt** seda, mida tahan. Pealegi on nii lihtsalt lõbusam!

Minu jaoks on alati nii **põnev** inimesi vaadata, kui ma olen kaubanduskeskuses. Inimese kohta saab tõesti palju öelda selle järgi, kuidas ta ostab. Mõned inimesed on väga metoodilised ja võtavad endale aega, samas kui teised näivad lihtsalt haaravat **kõikvõimalikke asju** ja suunduvad kassasse nii kiiresti kui võimalik. On ka neid ostjaid, kes tunduvad olevat rohkem huvitatud oma mobiiltelefoniga rääkimisest või tekstisõnumite saatmisest kui kauba vaatamisest! Ükskõik, milline ostja sa ka ei oleks, tundub, et kõik naudivad vaateakende

Att shoppa

Jag älskar att **shoppa** i köpcentret. Det är alltid så roligt att gå runt och titta på alla olika butiker. Det finns något för alla i köpcentret, och det är alltid ett bra ställe att hitta erbjudanden på kläder, skor och accessoarer. Jag **brukar** börja min shoppingtur med att gå genom köpcentrets **huvudentré.** Därifrån går jag först till mina favoritbutiker. Efter att ha tittat igenom dessa butiker går jag runt och ser om det pågår någon rea på andra ställen. Det slutar oftast med att jag tillbringar ett par timmar i köpcentret innan jag slutligen gör mina inköp. Jag gillar alltid att ta god tid på mig när jag shoppar **eftersom** jag vill vara säker på att jag får **exakt** det jag vill ha. Dessutom är det bara roligare på det sättet!

Jag tycker alltid att det är så **fascinerande** att titta på folk när jag är i köpcentret. Man kan verkligen få reda på mycket om en person genom hur de handlar. Vissa människor är mycket metodiska och tar god tid på sig, medan andra bara verkar ta **allt** de kan och gå till kassan så fort som möjligt. Det finns också de shoppare som verkar mer intresserade av att prata i mobiltelefon eller sms:a än att titta på varorna! Oavsett vilken typ av shoppare du är verkar dock alla tycka om att fönstershoppa - även om du faktiskt inte köper något. Det är bara något med att titta på alla vackra saker i

ostmist - isegi kui sa tegelikult midagi ei osta. Kõikide ilusate asjade vaatamine **poeakendest** teeb mind lihtsalt õnnelikuks. Mõnikord fantaseerin sellest, mis oleks, kui ma saaksin endale **kõike seda,** mida ma näen, lubada! Kokkuvõttes on kaubanduskeskuses ostlemise päev üks minu lemmikajaveetmistest. See on suurepärane võimalus lõõgastumiseks ja lõõgastumiseks ning samal ajal saab ka natuke trenni (kui piisavalt palju ringi jalutada). Lisaks on **alati** tore end aeg-ajalt uue särgi või kingapaariga kostitada!

Mul oli **pikk** päev tööl ja lõpuks oli mul aega enda jaoks, nii et otsustasin minna kaubanduskeskusesse sisseoste tegema. Mul oli vaja uusi riideid **eelseisvaks** hooajaks. Kohe, kui ma sisse astusin, nägin kõiki heledaid valgusteid ja säravaid poefronte. Suundusin kõigepealt oma lemmikpoodi ja hakkasin riiuleid sirvima. Leidsin mõned armsad topsid ja proovisin neid riietusruumis. Kui ma ennast peeglist vaatasin, kuulsin, kuidas keegi tuli minu kõrval asuvasse riietusruumi. Ma tundsin tema hääle ära kui ühe oma töökaaslase. Me tervitasime ja hakkasime tööasjadest vestlema. Mõne minuti pärast lõpetasime mõlemad ja läksime **oma** teed, kuid hiljem kohtasime teineteist uuesti. Me jätkasime vestlust ja saime aru, et meil on rohkem ühist, kui me arvasime. Me lõpetasime oma joogid ja suundusime siis ööseks koju, olles pika ostupäevaga **kurnatud,** kuid oma ostudega siiski rahul.

skyltfönstren som gör mig glad. Ibland fantiserar jag om hur det skulle vara om jag hade råd med **allt** jag ser! På det hela taget är en dag i köpcentret en av mina favoritsysselsättningar. Det är ett utmärkt sätt att koppla av och varva ner samtidigt som man får lite motion (om man går runt tillräckligt mycket). Dessutom är det **alltid** trevligt att unna sig en ny skjorta eller ett par skor då och då!

Jag hade haft en **lång** dag på jobbet och hade äntligen lite tid för mig själv, så jag bestämde mig för att shoppa i köpcentret. Jag behövde några nya kläder för den **kommande** säsongen. Så fort jag gick in såg jag alla ljusa lampor och glänsande skyltfönster. Jag gick först till min favoritbutik och började bläddra bland hyllorna. Jag hittade några söta toppar och provade dem i omklädningsrummet. När jag tittade på mig själv i spegeln hörde jag någon komma in i omklädningsrummet bredvid mitt. Jag kände igen rösten som en av mina medarbetare. Vi hälsade på varandra och började prata om jobbet. Efter några minuter blev vi båda färdiga och gick **skilda** vägar, men sprang på varandra igen senare. Vi fortsatte att prata och insåg att vi hade mer gemensamt än vi trodde. Vi drack färdigt våra drinkar och gick sedan hem för kvällen, **utmattade** efter en lång shoppingdag men nöjda med våra inköp ändå.

Arusaamise küsimused

1. Kus teile meeldib kõige rohkem hoiustada?

2. Milline on teie lemmikpood kaubanduskeskuses?

3. Kui kaua te tavaliselt kaubanduskeskuses viibite?

4. Mida arvate inimestest, kes veedavad palju aega kaubanduskeskuses?

5. Mis on teie lemmik asi, mida kaubanduskeskuses teha?

6. Kas olete kunagi ostnud kaubanduskeskusest midagi, mida te tegelikult ei vaja?

7. Kuidas te reageerite, kui näete kaubanduskeskuses midagi, mis teile väga meeldiks, kuid on liiga kallis?

8. Kas olete kunagi näinud kaubanduskeskuses midagi ja mõelnud, kes seda ostaks?

9. Mis on teie arvamus inimestest, kes on kaubanduskeskuses oma mobiiltelefoniga hõivatud, selle asemel et poode vaadata?

Frågor om förståelse

1. Var vill du lagra mest?

2. Vilken är din favoritbutik i köpcentret?

3. Hur länge brukar du stanna i köpcentret?

4. Vad tycker du om människor som tillbringar mycket tid i köpcentret?

5. Vad är din favoritsak att göra på köpcentret?

6. Har du någonsin köpt något på köpcentret när du egentligen inte behövde det?

7. Hur reagerar du när du ser något i köpcentret som du verkligen skulle vilja ha, men som är för dyrt?

8. Har du någonsin sett något i köpcentret och undrat vem som skulle köpa det?

9. Vad tycker du om människor som är upptagna med sina mobiltelefoner i köpcentret i stället för att titta på butikerna?

Turul

Laupäeva hommikul ärkan varakult, et jõuda **turule,** enne kui see liiga täis saab. Viskan selga mõned riided ja lähen uksest välja, haarates teel oma korduvkasutatavad kotid. Jalutades hakkan planeerima, mida tahan eelseisvaks nädalaks teha. Tean, et tahan vähemalt korra köögivilju **praadida,** seega pean ostma kvaliteetseid köögivilju. Samuti tahan teha suppi või hautist, seega pean hankima ka liha. Pean vaatama, mis tundub hea, kui ma sinna jõuan. Turg on vaid mõne kvartali kaugusel ja ma näen juba üles pandud kioskeid ja **inimesi, kes** seal askeldavad.

Saabun turule ja suundun otse köögiviljalauda. Valik on ilus ja ma täidan oma kotid mitmesuguste **värskete** toodetega. Vestlen veidi aega põllumehega ja ta soovitab mulle mõned retseptid. Olen põnevil, et neid proovida. Vestlen **talunikega,** kui ma poes käin, tutvun nende ja nende toodetega. Kui mul on kõik vajalikud köögiviljad olemas, liigun edasi lihaosakonda. Siin olen veidi kõhklevam, sest ma ei ole kindel, mida ma tahan osta. Lõpuks otsustan kana kasuks, sest see on mitmekülgne ja seda saab kasutada paljudes roogades. Samuti ostan paar erinevat lihalõiku, jälgides, et ma ostaksin rohusöödaga kasvatatud veiseliha ja vabapidamisel kasvatatud **kana**. Lihunik oli sõbralik

På marknaden

Jag vaknar tidigt på lördagsmorgonen och är ivrig att ta mig till **marknaden** innan det blir för mycket folk. Jag tar på mig några kläder och går ut genom dörren och tar mina återanvändbara väskor på vägen. Medan jag går börjar jag planera vad jag vill göra för veckan som kommer. Jag vet att jag vill **steka** grönsaker minst en gång, så jag måste köpa grönsaker av god kvalitet. Jag vill också göra en soppa eller gryta, så jag måste köpa lite kött också. Jag får se vad som ser bra ut när jag kommer dit. Marknaden ligger bara några kvarter bort, och jag kan redan se hur stånden står uppställda och hur **folk** rör sig där.

Jag kommer till marknaden och går direkt till grönsaksståndet. Utbudet är vackert, och jag fyller mina påsar med en mängd olika **färska** produkter. Jag pratar med bonden en stund och han rekommenderar mig några recept. Jag är förväntansfull och vill prova dem. Jag pratar med **jordbrukarna** medan jag handlar och lär känna dem och deras produkter. När jag har alla grönsaker jag behöver går jag vidare till köttavdelningen. Jag är lite mer tveksam här, eftersom jag inte är säker på vad jag vill köpa. Till slut bestämmer jag mig för kyckling eftersom det är mångsidigt och kan användas i en mängd olika rätter. Jag köper också

mees, kes oli alati rõõmsameelne, vaatamata pikkadele töötundidele. Ta pakkis mu kanarindu ja praadi kokku, enne kui vestles minuga oma nädalavahetuse plaanidest. Ma jätsin temaga hüvasti ja jätkasin oma teed. Võtsin piimaosakonnast ka mõned munad ja juustu.

Turg oli täis inimesi, kes kõik soovisid saada **kätte** värsket toodangut ja liha, mida pakuti. Õhk oli tihedalt küüslaugu ja sibula lõhnast tulvil ning naeru ja vestluse heli täitis õhku. Ma liikusin läbi rahvahulga, valides oma iganädalase poe jaoks vajalikke kaupu. Täitsin oma **korvi** puu- ja köögiviljade, makaronide ja leivaga, enne kui suundusin kassasse. Järjekord oli pikk, kuid liikus kiiresti. Lõpuks olid viimased **toidukaubad** ostetud ja oli aeg koju minna. Auto sai täis laaditud ja sõit koju oli pikk ja tüütu. Liiklus oli tihe ja kuumus rõhuv. Lõpuks sõitis auto sissesõiduteele ja kergendus oli käegakatsutav. Maja oli jahe ja vaikne ning see oli varjupaik pärast turuhoogu. Kõik oli ära pandud ja majas valitses peagi jälle tavapärane rahu ja vaikus. Mul oli kõik vajalik, et valmistada endale ja oma perele **maitsvaid** toite. Oli hea olla kodus.

några olika köttstycken och ser till att få gräsbetat nötkött och frigående **kyckling**. Slaktaren var en vänlig man som alltid var glad trots de långa arbetsdagarna. Han lindade in mina kycklingbröst och min biff innan han pratade med mig om sina helgplaner. Jag tog farväl av honom och fortsatte min väg. Jag tog också några ägg och ost från mejeriavdelningen.

Marknaden var full av människor som alla var ivriga att få **tag på de** färska råvaror och det kött som erbjöds. Luften var tjock av lukten av vitlök och lök och ljudet av skratt och samtal fyllde luften. Jag tog mig fram genom folkmassan och plockade ut de andra varor som jag behövde till min veckoaffär. Jag fyllde min **korg** med frukt och grönsaker, pasta och bröd innan jag gick till kassan. Kön var lång, men den gick snabbt. Till slut var de sista **matvarorna** inköpta och det var dags att åka hem. Bilen lastades och körningen hem var lång och tråkig. Trafiken var tung och värmen var tryckande. Till slut körde bilen in på uppfarten och lättnaden var påtaglig. Huset var svalt och tyst och det var en fristad efter marknadens liv och rörelse. Allting ställdes undan och huset var snart tillbaka till sin vanliga lugn och ro. Jag hade allt jag behövde för att laga några **goda** måltider till mig själv och min familj. Det var skönt att vara hemma.

Arusaamise küsimused

1. Kuhu inimene läheb?

2. Mida inimene soovib osta?

3. Mitu kotti on isikul?

4. Kui kaugel on turg?

5. Mida see inimene praegu teeb?

6. Mis on kõik turul?

7. Kui palju inimesi on turul?

8. Kui kaua kulus inimesel aega, et kõik osta?

9. Kuidas inimene koju läks?

10. Mida tegi inimene, kui ta koju jõudis?

Frågor om förståelse

1. Vart är personen på väg?

2. Vad vill personen köpa?

3. Hur många väskor har personen?

4. Hur långt bort ligger marknaden?

5. Vad gör personen just nu?

6. Vad är allt på marknaden?

7. Hur många personer finns på marknaden?

8. Hur lång tid tog det för personen att köpa allt?

9. Hur åkte personen hem?

10. Vad gjorde personen när han eller hon kom hem?

Kohvikus

Oli jahe sügishommik ja ma olin kokku leppinud, et kohtun oma sõbranna Liliga meie lemmikkohvikus kohvi joomiseks. Pakkusin end soojalt mantlisse ja salli ning läksin teele. Puudelt olid lehed langemas ja õhk oli niru, kuid päike paistis ja see lubas tulla ilus päev. Jalutades **mõtlesin**, kui hea on, et mul on selline sõber nagu Lily. Me olime olnud sõbrad juba aastaid, alates sellest ajast, kui kohtusime **ülikoolis**. Meid ühendas meie armastus kohvi vastu ja kohvikutes vesteldes veedetud aeg. Kuigi me elasime nüüd eri linnaosades, õnnestus meil ikkagi kord nädalas kohvile kohtuda. Kui ma kohvikusse jõudsin, ootas Lily mind juba seal. Me kallistasime teineteist tervitades ja tellisime siis oma kohvid. Leidsime laua akna ääres ja asusime vestlema. **Kohv** oli maitsev, nagu alati, ja Lilyga oli nii tore juttu ajada. Rääkisime oma nädalast, oma töökohtadest ja tulevikuplaanidest. Lilyga oli alati nii lihtne rääkida ja ma tundsin, et võin talle kõike rääkida. Mõne aja pärast hakkas meil nälg tekkima ja me **otsustasime** tellida süüa.

Tellisime oma toidu ja leidsime koha akna ääres. Aknast paistis sisse päike, mis tegi kõik soojaks ja rõõmsaks. Me vestlesime oma toitu süües, nautides üksteise **seltskonnas** olemise lihtsat naudingut. Kohvik

På ett café

Det var en kylig höstmorgon och jag hade bestämt mig för att träffa min vän Lily på vårt favoritkafé för att ta en kaffe. Jag svepte in mig varmt i min kappa och halsduk och gick iväg. Löven höll på att falla från träden och luften hade en liten gnutta, men solen sken och det lovade att bli en vacker dag. Medan jag gick **tänkte** jag på hur bra det var att ha en vän som Lily. Vi hade varit vänner i flera år, ända sedan vi träffades på **universitetet**. Vi hade knutit band till varandra genom vår kärlek till kaffe och genom att tillbringa tid med att prata på kaféer. Även om vi nu bodde i olika delar av staden lyckades vi fortfarande träffas på kaffe en gång i veckan. Jag kom till caféet och Lily var redan där och väntade på mig. Vi kramade varandra hej och beställde sedan våra kaffesorter. Vi hittade ett bord vid fönstret och slog oss ner för att prata. **Kaffet** var utsökt, som alltid, och det var så trevligt att prata med Lily. Vi pratade om vår vecka, våra jobb och våra planer för framtiden. Det var alltid så lätt att prata med Lily och det kändes som om jag kunde berätta allt för henne. Efter ett tag började vi bli hungriga och **bestämde oss för att** beställa lite mat.

Vi **beställde** vår mat och hittade en plats vid fönstret. Solen sken in genom fönstret och fick allt att kännas

oli küll hõivatud, kuid see ei tundunud rahvarohke. Õhus valitses rahu ja rahulolu. Kui me oma toidu valmis saime, istusime veel mõnda aega, nautides lihtsalt rahulikku **õhkkonda**. Rääkisime mõnda aega erinevatest asjadest, mis meie elus toimusid. Oli nii mõnus oma sõbraga juttu ajada ja lihtsalt **lõõgastuda**. Päike paistis läbi akna ja tundus, et **miski** ei saa meie täiuslikku päeva rikkuda.

Järsku kuulsin valju kolinat. Pöördusin ringi ja nägin, et üks mees oli läbi lae kukkunud ja lebas meie ees põrandal. Ta oli **kaetud** tolmu ja prahiga ning näis olevat teadvuseta. Minu sõber ja mina olime mõlemad šokis, kui me põrandal lamavat meest vaatasime. Me ei teadnud, mida teha või keda appi kutsuda. Me lihtsalt istusime seal ja vahtisime teda, teadmata, mida teha. Mõne minuti pärast sain end kokku ja helistasin hädaabinumbrile. Operaator ütles mulle, et keegi tuleb varsti kohale. Panin telefoni kinni ja ütlesin oma sõbrale, mida **operaator** oli öelnud. Me mõlemad lihtsalt istusime seal ja ootasime abi saabumist. See tundus igavesti, kuid lõpuks saabus kiirabi. Meedikud tormasid kohale ja hakkasid mehe kallal tööd tegema. Nad tegid kiiresti kindlaks, et ta on vigastatud ja tuleb **haiglasse viia**.

varmt och glatt. Vi pratade medan vi åt vår mat och njöt av det enkla nöjet att vara i varandras **sällskap**. Caféet var upptaget, men det kändes inte trångt. Det fanns en känsla av frid och tillfredsställelse i luften. När vi hade ätit upp vår mat satt vi en stund till och njöt av den fridfulla **atmosfären**. Vi pratade en stund om olika saker som hade hänt i våra liv. Det var så skönt att få prata med min vän och bara **slappna av**. Solen sken genom fönstret och det kändes som om **ingenting** kunde förstöra vår perfekta dag.

Plötsligt hörde jag en hög ljudlig krasch. Jag vände mig om och såg att en man hade fallit genom taket och låg på golvet framför oss. Han var **täckt av** damm och skräp och verkade vara medvetslös. Min vän och jag var båda i chock när vi stirrade på mannen som låg på golvet. Vi visste inte vad vi skulle göra eller vem vi skulle ringa efter hjälp. Vi satt bara där och stirrade på honom utan att veta vad vi skulle göra. Efter några minuter kom jag till mig själv och ringde 112. Operatören sa till mig att någon skulle vara där snart. Jag lade på luren och berättade för min vän vad **operatören** hade sagt. Vi båda satt bara där och väntade på att hjälpen skulle komma. Det kändes som en evighet, men till slut **kom** en ambulans. Ambulanspersonalen rusade in och började arbeta med mannen. De konstaterade snabbt att han var skadad och behövde föras till **sjukhus**.

Arusaamise küsimused

1. Kust tuleb mees, kes kukub läbi katuse?

2. Miks on naine koos oma sõbraga kohvikus?

3. Milline on kahe sõbra lemmikkohvik?

4. Kui kaua on need kaks sõpra teineteist tundnud?

5. Mis on kahe sõbra lemmikjook?

6. Millises linnas elavad need kaks sõpra?

7. Kui tihti kohtuvad need kaks sõpra?

8. Millest räägivad kaks sõpra, kui nad esimest korda oma lemmikkohvikus kohtuvad?

9. Mis on kahe sõbra lemmiktoit?

10. Miks on Lilyga nii lihtne rääkida?

Frågor om förståelse

1. Varifrån kommer mannen som faller genom taket?

2. Varför är kvinnan med sin väninna på kaféet?

3. Vilket är de två vännernas favoritkafé?

4. Hur länge har de två vännerna känt varandra?

5. Vad är de två vännernas favoritdryck?

6. I vilken stad bor de två vännerna?

7. Hur ofta träffas de två vännerna?

8. Vad pratar de två vännerna om när de först träffas på sitt favoritkafé?

9. Vad är de två vännernas favoritmat?

10. Varför är det så lätt att prata med Lily?

Ujumine

Bassein oli alati **värskendav** koht, ja täna ei olnud see teisiti. Päike paistis ja vesi nägi kutsuv välja. Hingasin sügavalt sisse ja sukeldusin, tundes vee jahedat embust. Ujusin mõnda aega ringi, nautides liikumist ja võimalust oma pead puhastada. Mõne aja pärast tulin välja ja kuivatasin end ära, siis istusin rätikule, et päikese käes lõõgastuda. Sulgesin silmad ja lasin **soojusel** end üle ujutada, tundes, kuidas mu lihased hakkavad lõdvestuma. Äkki kuulsin pritsimist ja avasin silmad, et näha oma väikest õde madalas otsas ringi **püherdamas.** Naeratasin ja vaatasin teda mõnda aega, siis tõusin püsti ja läksin tema juurde. Me vestlesime natuke aega ja sõimlesime koos, nautides teineteise seltskonda. Varsti liitusid meiega ka meie vanemad ning me veetsime ülejäänud pärastlõuna koos ujudes ja mängides. Alati oli nii tore veeta aega koos perega basseinis. Vees olemises on **midagi sellist,** mis toob inimesed lihtsalt kokku. Võib-olla sellepärast, et vees olles oleme kõik võrdsed - me ei saa varjata oma vigu ega teeselda, et oleme midagi, mida me ei ole. Või on see lihtsalt sellepärast, et see on lõbus! **Mis iganes** põhjus, mul oli lihtsalt hea meel, et saime kõik kokku tulla ja nautida üksteise seltskonda sellises erilises kohas.

Att simma

Poolen var alltid en **uppfriskande** plats att vara på, och idag var det inte annorlunda. Solen sken och vattnet såg inbjudande ut. Jag tog ett djupt andetag och dök ner och kände vattnets svala omfamning. Jag simmade varv ett tag och njöt av motionen och chansen att rensa huvudet. Efter en stund gick jag ut och torkade mig, och satte mig sedan på en handduk för att slappna av i solen. Jag slöt ögonen och lät **värmen** skölja över mig och kände hur mina muskler började slappna av. Plötsligt hörde jag ett plask och öppnade ögonen för att se min lillasyster **paddla** runt i den grunda delen. Jag log och tittade på henne en stund, sedan reste jag mig upp och gick över till henne. Vi pratade lite och paddlade runt tillsammans och njöt av varandras sällskap. Snart anslöt sig våra föräldrar till oss och vi tillbringade resten av eftermiddagen med att simma och spela spel tillsammans. Det var alltid så trevligt att tillbringa tid med familjen vid poolen. Det är **något** med att vara i vattnet som bara verkar föra människor samman. Kanske beror det på att vi alla är lika när vi är i vattnet - vi kan inte dölja våra brister eller låtsas vara något vi inte är. Eller kanske är det bara för att det är roligt! **Oavsett vad** anledningen är så var jag bara glad att vi alla kunde samlas och njuta av varandras sällskap på en så speciell plats.

Päike peksis mu nahale ja õhus oli kloorilõhn. Kuulsin laste naeru ja basseinis pritsimist. Lamasin basseini kõrval oleval lamamistoolil, imesin päikest ja **nautisin** päeva. Mul olid silmad kinni ja ma olin just unne vajumas, kui kuulsin, kuidas keegi minu juurde kõndis. Avasin silmad ja nägin enda kõrval seisvat naist. Tal olid seljas bikiinid ja tal oli rätik ümber vöökoha. Tal olid pikad blondid juuksed ja sinised silmad. Ta hoidis käes pudelit **päikesekreemi.** "Kas sa ei pahanda, kui ma panen sulle selga päikesekreemi?" küsis ta. "Ei, sobib küll," ütlesin, istudes püsti, et ta saaks mu seljale ligi. Tundsin tema käsi mu nahal, kui ta päikesekreemi peale kandis.

Tema puudutus oli õrn ja päikesekreemi lõhn oli rahustav. Sulgesin taas silmad ja lasin end lõdvestada. Kuulsin tema liikumist, kuid ma ei avanud silmi. Olin rahul, kui ma lihtsalt lamasin seal päikese käes, kuulates vastu kalda **loksuvate** lainete heli. Mõne minuti pärast läks ta minema ja ma avasin silmad. Jälgisin teda, kui ta kõndis tagasi oma lamamistooli juurde ja võttis raamatu kätte. Ta istus oma toolile ja hakkas lugema. Ma sulgesin taas silmad ja lasin end unne uinutada. **Nägin unes**, et ujun basseinis, tehes ringe edasi-tagasi. Vesi oli värskendav ja jahe mu nahal.

Solen slog ner på min hud och lukten av klorin låg i luften. Jag kunde höra ljudet av barn som skrattade och plaskade runt i poolen. Jag låg på en solstol vid poolen och njöt av solen och **njöt av** dagen. Jag hade ögonen stängda och skulle precis somna när jag hörde någon komma fram till mig. Jag öppnade ögonen och såg en kvinna stå bredvid mig. Hon hade en bikini på sig och en handduk lindad runt midjan. Hon hade långt blont hår och blå ögon. Hon höll en flaska **solkräm i** handen. "Har du något emot att jag smörjer in din rygg med solkräm?" frågade hon. "Nej, det är okej", sa jag och satte mig upp så att hon kunde nå min rygg. Jag kände hennes händer på min hud när hon applicerade solkrämen.

Hennes beröring var mild och doften av solkrämen var lugnande. Jag slöt ögonen igen och lät mig slappna av. Jag kunde höra **ljudet av att** hon rörde sig, men jag öppnade inte ögonen. Jag var nöjd med att bara ligga där i solen och lyssna på ljudet av vågorna **som slog** mot stranden. Efter några minuter gick hon iväg och jag öppnade ögonen. Jag tittade på henne när hon gick tillbaka till sin solstol och plockade upp sin bok. Hon satte sig i stolen och började läsa. Jag slöt ögonen igen och lät mig glida in i sömnen. Jag **drömde** att jag simmade i poolen och gjorde varv fram och tillbaka. Vattnet var uppfriskande och svalkande på min hud.

Arusaamise küsimused

1. Kus oli jutustaja jutustuse alguses?

2. Mida haistab jutustaja, kui ta silmad avab?

3. Mida kuuleb jutustaja, kui ta silmad avab?

4. Kelle päikesekaitsekreemi annab naine jutustajale?

5. Millest unistab jutustaja?

6. Miks on meres ujumine jutustaja jaoks nii eriline?

7.Kuidas tundub vesi, milles jutustaja ujub?

8. Mida näeb jutustaja, kui ta veest välja tuleb?

9. Mida teeb naine pärast seda, kui ta päikesekaitsekreemi jutustaja peale paneb?

10. Millest räägivad jutustaja ja naine loo lõpus?

Frågor om förståelse

1. Var befann sig berättaren när han började berättelsen?

2. Vad luktar berättaren när han öppnar ögonen?

3. Vad hör berättaren när han öppnar ögonen?

4. Vems solkräm ger kvinnan berättaren?

5. Vad drömmer berättaren om?

6. Varför är det så speciellt för berättaren att simma i havet?

7.Hur känns vattnet som berättaren simmar i?

8. Vad ser berättaren när han kommer upp ur vattnet?

9. Vad gör kvinnan efter att hon har smörjt in berättaren med solkräm?

10. Vad pratar berättaren och kvinnan om i slutet av berättelsen?

Muru niitmine

Kell on 10 hommikul suvisel **laupäeval** ja päike paistab juba halastamatult. Sa trügid garaaži, et muruniidukit tuua, tundes, et sind on **mõistetud** raskele tööle. Hakkate muru niitma, hoolitsedes selle eest, et käiksite kenasti ja aeglaselt, et mitte ühtegi kohta vahele jätta. Niitmise ajal mõtlete, kui hea tunne on olla värskes õhus. Kui hakkate niidukit üle muru edasi-tagasi lükkama, näete **silmanurgast** oma naabrit. Te lehvitate ja ütlete tere, ja ta lehvitab tagasi.

Mõne minuti pärast olete valmis ja lähete naabri juurde, et koos temaga eesaias õlut juua. See on **ideaalne** päev - mitte liiga kuum, puhub kerge tuul. Istute seal puu varjus, rüübates õlut ja vesteldes naabriga. Just sellised päevad panevad sind suveaega hindama. Siis **suundute** siseruumidesse hästi teenitud õlut võtma. Langete esikusse toolile ja avate purgi, lastes rahulolevalt ohkama. Niiduki heli jääb tahaplaanile, kui sa lõõgastud varjus, nautides hetke **rahulikkust.** Õlu maitseb eriti hästi pärast kogu seda rasket tööd kuumuses. Olin just suundumas sisse, kui kuulsin kõrvalmajas müra.

See **kõlas** nagu keegi oleks nutnud. Ma lõpetasin niitmise ja läksin aia juurde, mis eraldas meie õueid.

Klippning av gräsmattan

Klockan är 10 på förmiddagen en **sommarlördag och** solen slår redan obarmhärtigt ner. Du går ut i garaget för att hämta gräsklipparen och känner att du är **dömd** till hårt arbete. Du börjar klippa gräsmattan och ser till att gå lugnt och sakta så att du inte missar några ställen. Medan du klipper tänker du på hur bra det känns att vara ute i den friska luften. När du börjar skjuta gräsklipparen fram och tillbaka över gräsmattan ser du din granne ur **ögonvrån**. Du vinkar och säger hej, och han vinkar tillbaka.

Efter några minuter är du klar och går till din granne för att ta en öl med honom i trädgården. Det är en **perfekt** dag - inte för varmt, med en lätt bris som blåser. Du sitter där i skuggan av trädet, dricker din öl och pratar med din granne. Det är sådana här dagar som gör att man uppskattar sommaren. Sedan **går** du in och tar en välförtjänt öl. Du slår dig ner i en stol på verandan, öppnar burken och suckar nöjt. Ljudet från gräsklipparen försvinner i bakgrunden medan du slappnar av i skuggan och njuter av stundens **lugn.** Ölet smakar extra gott efter allt hårt arbete i värmen. Jag skulle just gå in när jag hörde ett ljud i grannhuset.

Det **lät** som om någon grät. Jag slutade klippa och gick

Vaatasin üle ja nägin oma naabrit, proua Johnsoni, kes nuttis oma veranda kiigel. Hüüdsin talle, kuid ta ei kuulnud mind. Ronisin üle aia ja kõndisin tema juurde. “Proua Johnson, kas teil on kõik korras?” Küsisin. Ta vaatas mulle pisarad silmis otsa ja raputas pead. “Ei, ma ei ole korras,” ütles ta. “Mu kass suri eile.” Ma olin šokeeritud. Ma ei teadnud, mida öelda. Seisin lihtsalt kohmetult, teadmata, mida teha. Lõpuks panin käe tema **õlale** ja ütlesin: “Mul on väga kahju, proua Johnson. Kui ma saan kuidagi aidata, palun andke mulle teada. “ Ta raputas pead ja ütles: “Ei, keegi ei saa **midagi** teha.” Siis tõusis ta püsti ja läks oma majja. Seisin seal hetkeks, teadmata, mida teha. Siis läksin tagasi muru niitma. Kui ma lõpetasin, ei saanud ma muud teha, kui mõtlesin proua Johnsonile ja tema kassile.

över till staketet som skiljde våra trädgårdar åt. Jag tittade över och såg min granne, Mrs Johnson, gråta på sin verandagunga. Jag ropade på henne, men hon hörde mig inte. Jag klättrade över staketet och gick över till henne. "Mrs Johnson, mår ni bra?" Jag frågade. Hon tittade upp på mig med tårar i ögonen och skakade på huvudet. "Nej, jag mår inte bra", sade hon. "Min katt dog i går." Jag blev chockad. Jag visste inte vad jag skulle säga. Jag stod bara där obekvämt och visste inte vad jag skulle göra. Till slut lade jag min hand på hennes **axel** och sa: "Jag är så ledsen, mrs Johnson. Om det finns något jag kan göra för att hjälpa till, så säg till. " Hon skakade på huvudet och sa: "Nej, det finns **ingenting som** någon kan göra". Sedan reste hon sig upp och gick in i sitt hus. Jag stod där en stund och visste inte vad jag skulle göra. Sedan gick jag tillbaka till att klippa min gräsmatta. När jag blev klar kunde jag inte låta bli att tänka på Mrs Johnson och hennes katt.

Arusaamise küsimused

1. Mis kellaaeg on?

2. Kus inimene niidab?

3. Kuidas inimene end tunneb?

4. Miks peab inimene niitma aeglaselt?

5. Milline ilm on?

6. Mida teeb inimene pärast niitmist?

7. Mida kuuleb inimene enne koju minekut?

8. Kes on koos proua Johnsoniga?

9. Miks proua Johnson nutab?

10. Mida ütleb isik proua Johnsonile?

Frågor om förståelse

1. Vad är klockan?

2. Var är personen som klipper?

3. Hur känner sig personen?

4. Varför måste personen klippa långsamt?

5. Vad är det för väder?

6. Vad gör personen efter klippningen?

7. Vad hör personen innan han går hem?

8. Vem är med fru Johnson?

9. Varför gråter fru Johnson?

10. Vad säger personen till fru Johnson?

Juukselõikuse saamine

Ma olin juba nädalaid tahtnud juuksurile minna, kuid kuidagi õnnestus mul seda alati edasi lükata. Aga kuna **jõulud on** kohe nurga taga, teadsin, et ei saa seda enam edasi lükata. Ma ei tahtnud ilmuda oma pere jõuluõhtusöögile räpase välimusega. Nii et jõuluhommikul läksin varakult salongi. Kuigi oli vara, oli salong juba hõivatud teiste inimestega, **kes olid** pühadeks juukseid tegemas. Võtsin oma koha järjekorras ja ootasin oma järjekorda. Lõpuks oli minu kord toolis. Stilist, sõbralik naine nimega Jill, küsis minult, mida ma soovin. "Lihtsalt trimmi, mitte midagi liiga drastilist," vastasin. Jill asus tööle, lõigates mu juukseid. Kui ta töötas, hakkasin ma lõdvestuma. Tundus hea, et ma lõpuks ometi hoolin enda eest. Olin viimasel ajal nii palju tööd teinud, jooksnud ringi, hoolitsedes kõigi teiste eest, et olin lasknud omaenda vajadused kõrvale jätta. Aga **enam** mitte. Nüüdsest peale võtsin ma endale aega.

Kui Jill oli lõpetanud, vaatasin peeglisse ja olin rahul sellega, mida nägin. Mu juuksed nägid välja korrastatud ja lihvitud - ideaalsed pühade puhul. Ma **tänasin** Jilli ja panin **endale kirja,** et tuleksin sagedamini tagasi. Nüüdsest peale hoolin ma eelkõige enda eest. Ta asus mu juukseid kärpima. Mõtlesin, kui tänulik olin, et olin

Att klippa sig

Jag hade tänkt klippa mig i flera veckor, men på något sätt lyckades jag alltid skjuta upp det. Men med **julen** runt hörnet visste jag att jag inte kunde skjuta upp det längre. Jag ville inte dyka upp till familjens julmiddag och se ut som en slarvig röra. Så tidigt på juldagsmorgonen begav jag mig till salongen. Trots att det var tidigt var salongen redan upptagen med andra människor som **skulle** fixa håret inför julen. Jag tog plats i kön och väntade på min tur. Slutligen var det min tur i stolen. Stylisten, en vänlig kvinna vid namn Jill, frågade mig vad jag ville ha. "Bara en trimning, inget alltför drastiskt", svarade jag. Jill började arbeta och klippte bort mitt hår. Medan hon arbetade började jag slappna av. Det kändes bra att äntligen ta hand om mig själv. Jag hade varit så upptagen den senaste tiden, jag hade sprungit runt och tagit hand om alla andra, att jag hade låtit mina egna behov falla bort. Men inte **längre**. Från och med nu skulle jag ta mig tid för mig själv.

När Jill var klar tittade jag mig i spegeln och var nöjd med vad jag såg. Mitt hår såg snyggt och polerat ut - perfekt för semestermöten. Jag **tackade** Jill och gjorde en **mental** anteckning om att komma tillbaka oftare. Från och med nu kommer jag att ta hand om mig själv först och främst. Hon började arbeta med att klippa

lõpuks ometi jõudnud juuksurile minna. Oli hea teada, et näen **jõuluõhtusöögiks** esinduslik välja. Enam ei pidanud ma muretsema, et mu perekond kiusab mind mu "räpase" välimuse pärast. Mõne minuti pärast oli stilist mu juukseid viimistlenud ja föönitas mind kiiresti. Vaatasin peeglisse ja olin rahul sellega, mida nägin - puhas välimus, mis sobiks ideaalselt jõuluõhtusöögiks. Nüüd, kui mu juukselõikus oli tehtud, võisin keskenduda pühade nautimisele koos perega. Ja olin selle eest veelgi tänulikum.

See tundus nii **vabastav** ja mulle meeldis, kuidas mu uus soeng välja nägi. Pärast seda, kui olin juukselõikuse eest maksnud, läksin koju ja hakkasin reisiks pakkima. Ma **ei suutnud** ära oodata, et oma uut välimust oma perele ja sõpradele näidata. Ma teadsin, et nad oleksid üllatunud, kui nad mind näeksid. Lennupäeval jõudsin lennujaama, kus mul oli piisavalt aega. Läksin probleemideta läbi turvakontrolli ja peagi olin juba teel. Niipea, kui ma sihtkohta jõudsin, tundsin õhus valitsevat põnevust. Jõulud olid kindlasti õhus! Mu pere oli mind lennujaamas tervitamas ja nad kõik olid mu uue juukselõikuse üle üllatunud. Järgmised päevad veetsime üksteise **seltskonda** nautides. Jõuluõhtul läksime kõik koos kirikusse ja laulsime laululaule. See oli täiuslik püha. Mul on nii hea meel, et ma sain enne puhkusele minekut oma juukseid lõigatud.

mitt hår. Jag tänkte på hur tacksam jag var för att jag äntligen hade hunnit klippa mig. Det kändes bra att veta att jag skulle se presentabel ut till **julmiddagen**. Jag skulle inte längre behöva oroa mig för att min familj skulle retas med mig om mitt "slarviga" utseende. Efter några minuter var stylisten klar med att klippa mitt hår och gav mig en snabb föning. Jag tittade i spegeln och var nöjd med vad jag såg - en ren frisyr som skulle passa perfekt till julmiddagen. Nu när min klippning var avklarad kunde jag fokusera på att njuta av julen med min familj. Och det var jag ännu mer tacksam för.

Det kändes så **befriande** och jag älskade hur min nya frisyr såg ut. När jag hade betalat för frisyren gick jag hem och började packa för min resa. Jag **kunde inte** vänta med att visa upp min nya look för min familj och mina vänner. Jag visste att de skulle bli förvånade när de såg mig. På dagen för mitt flyg anlände jag till flygplatsen med gott om tid över. Jag gick igenom säkerhetskontrollen utan några problem och snart var jag på väg. Så snart jag kom fram till min destination kunde jag känna spänningen i luften. Julen låg definitivt i luften! Min familj var där för att välkomna mig på flygplatsen, och de var alla förvånade över min nya frisyr. Vi tillbringade de närmaste dagarna med att **prata** och njuta av varandras **sällskap**. På julafton gick vi alla till kyrkan tillsammans och sjöng julsånger. Det var en perfekt semester. Jag är så glad att jag klippte mig innan jag åkte på semester.

Arusaamise küsimused

1. Mida pidi peategelane enne jõule tegema?

2. Kuidas tundis peategelane, kuidas ta enda eest hoolitses?

3. Kes trimmis peategelase juukseid?

4. Miks peategelase perekond teda kiusab?

5. Kuidas tundis peategelane end pärast juukselõikuse saamist?

6. Mida tegi peategelane pärast seda, kui ta sai oma juukseid lõigatud?

7. Kuidas reageeris peategelase perekond tema juukselõikusele?

8. Mida tegi peategelane jõuluõhtul?

9. Mis tegi peategelase kogemuse erilisemaks?

10. Mis juhtuks, kui peategelane ei saaks juukseid lõigata?

Frågor om förståelse

1. Vad måste huvudpersonen göra före jul?

2. Hur kände huvudpersonen för att ta hand om sig själv?

3. Vem klippte huvudpersonens hår?

4. Varför skulle huvudpersonens familj retas med henne?

5. Hur kände sig huvudpersonen efter att ha klippt sig?

6. Vad gjorde huvudpersonen efter att ha klippt sig?

7. Hur reagerade huvudpersonens familj på hennes frisyr?

8. Vad gjorde huvudpersonen på julafton?

9. Vad gjorde huvudpersonens upplevelse mer speciell?

10. Vad skulle hända om huvudpersonen inte klippte sig?

Park

Päike oli loojumas ja park oli tühi. Istusin pingil ja ootasin oma **sõpra**. Meil oli plaanis siin tund aega tagasi kohtuda, kuid ta jäi alati hiljaks. Just siis, kui olin just loobumas ja koju minemas, nägin teda minu poole jooksmas. “Mul on nii kahju,” ohkas ta pingile jõudes. “Mu rong **hilines**.” “See on okei,” ütlesin ma **andestavalt**. “Ma ise just jõudsin siia.” Me istusime maha ja vestlesime mõnda aega, rääkides üksteise elust alates viimasest kohtumisest. Vestlus kulges **kergesti** ja tundus, et viimasest kokkusaamisest ei ole üldse aega möödunud. Kui päike loojus, jätsime hüvasti ja läksime oma teed. Järgmine kord kohtusime teises pargis. Ta oli jälle hiljaks jäänud, kuid mind ei häirinud see. Oli tore, et oli keegi, kellega rääkida, kes mind **mõistis.** Me rääkisime oma unistustest ja **püüdlustest**, asjadest, mida me tahtsime oma eluga teha. Ta rääkis mulle oma plaanidest reisida mööda maailma ja mina jagasin oma unistust saada kirjanikuks. Kui päike loojus, jätsime veel kord hüvasti, lubades seekord ühendust hoida.

Aastad möödusid ja meie **sõprus** jäi tugevaks, kuigi me elasime nüüd erinevates riigiosades. Me hoidsime ühendust kirjade ja aeg-ajalt telefonikõnede kaudu, jagades üksteisega uudiseid oma elust. Kui ta teatas, et kavatseb abielluda, ei olnud ma **üllatunud**

Parken

Solen höll på att gå ner och parken var tom. Jag satt på bänken och väntade på min **vän**. Vi hade planerat att träffas här för en timme sedan, men hon var alltid sen. Precis när jag höll på att ge upp och gå hem såg jag henne springa mot mig. "Jag är så ledsen", flämtade hon när hon kom fram till bänken. "Mitt tåg blev **försenat.**" "Det är okej", sa jag **förlåtande**. "Jag kom precis hit själv." Vi satte oss ner och pratade en stund och berättade om varandras liv sedan vi träffades senast. Samtalet flöt **lätt** och det kändes som om det inte hade gått någon tid alls sedan vi sågs sist. När solen gick ner tog vi farväl och gick skilda vägar. Nästa gång vi träffades var det i en annan park. Återigen var hon sen, men det gjorde inget. Det var skönt att ha någon att prata med som **förstod** mig. Vi pratade om våra drömmar och **ambitioner,** saker vi ville göra med våra liv. Hon berättade om sina planer på att resa runt i världen, och jag delade med mig av min dröm om att bli författare. När solen gick ner på en annan dag tog vi farväl ännu en gång och lovade att hålla kontakten den här gången.

Åren gick, och vår **vänskap** förblev stark även om vi nu bodde i olika delar av landet. Vi höll kontakten genom brev och tillfälliga telefonsamtal och delade nyheter från våra liv med varandra. När hon meddelade

- ta oli alati olnud **seiklushimuline** tüüp. Aga kui ta küsis minult, kas ma oleksin tema pruutneitsi tema pulmatseremoonial, mis toimub minu elukohast teisel pool maakera... see nõudis veenmist! Lõpuks ei saanud ma siiski lasta oma parimal sõbrannal abielluda ilma minuta tema kõrval, nii et vaatamata oma hirmudele (ja pärast tema palvetamist) **olin nõus** minema kaasa, mis osutus elu suurimaks **seikluseks.**

Lõpuks saabus **pulmapäev.** Olin närvis, kuid põnevil, et võin olla osa nii olulisest hetkest oma sõbra elus. Tseremoonia oli ilus ja ta nägi õnnelik välja, kui ta oma tõotusi ütles. **Pärast seda** tähistasime seda suure peoga - tundus, et kõik tema tuttavad olid tulnud temaga koos pidutsema! See oli **maagiline** päev, mida ma ei unusta kunagi, ja meie sõprus kasvas pärast seda seiklust ainult tugevamaks. Nüüd, aastaid hiljem, hoiame ikka veel ühendust. Me mõlemad oleme pärast esimest kohtumist palju **muutunud, kuid** meie sõprus on sama tugev kui kunagi varem. Iga kord, kui me kohtume - olgu see siis pargis või **teisel pool** maailma -, tundub, et aeg ei olegi möödunud.

att hon skulle gifta sig blev jag inte **förvånad** - hon hade alltid varit den **äventyrliga** typen. Men när hon frågade mig om jag ville vara hennes hedersbrudtärna vid hennes bröllopsceremoni som ägde rum på andra sidan jordklotet från där jag bodde... det krävdes en del övertalning! I slutändan kunde jag dock inte låta min bästa väninna gifta sig utan mig vid hennes sida, så trots mina farhågor (och efter mycket bön från henne!) **gick** jag **med på** att följa med på vad som visade sig bli sitt livs **äventyr.**

Bröllopsdagen kom äntligen. Jag var nervös, men glad över att få vara en del av ett så viktigt ögonblick i min väns liv. Ceremonin var vacker och hon såg lycklig ut när hon avgav sina löften. **Efteråt** firade vi med en stor fest - det verkade som om alla hon kände hade kommit för att fira med henne! Det var en **magisk** dag som jag aldrig kommer att glömma, och vår vänskap blev bara starkare efter detta äventyr. Nu, flera år senare, håller vi fortfarande kontakten. Vi har båda **förändrats** mycket sedan vi träffades första gången, men vår vänskap är lika stark som någonsin. När vi träffas - oavsett om det är i en park eller på **andra sidan** jorden - känns det som om ingen tid har gått alls.

Arusaamise küsimused

1. Kus kohtusid autor ja tema sõber esimest korda?

2. Miks hilines autori sõber nende kohtumisele?

3. Millest rääkisid sõbrad, kui nad aastaid hiljem uuesti kohtusid?

4. Kuidas tundis autor oma sõbra pulmatseremoonial osalemist?

5. Kirjeldage pulmatseremoonia toimumiskohta.

6. Kuidas on kahe naise vaheline sõprus aja jooksul muutunud?

7. Mis on autori unistus?

8. Kuhu kavatseb autori sõber reisida?

9. Miks kõhkles autor oma sõbra pulmatseremoonial osaleda?

Frågor om förståelse

1. Var träffades författaren och hennes vän första gången?

2. Varför var författarens vän sen till mötet?

3. Vad pratade vännerna om när de träffades igen flera år senare?

4. Hur kändes det för författaren att delta i sin väns bröllopsceremoni?

5. Beskriv hur bröllopsceremonin går till.

6. Hur har vänskapen mellan de två kvinnorna förändrats med tiden?

7. Vad är författarens dröm?

8. Vart planerar författarens vän att resa?

9. Varför tvekade författaren att delta i sin väns bröllopsceremoni?

www.ingramcontent.com/pod-product-compliance
Lightning Source LLC
LaVergne TN
LVHW010602160826
845677LV00013B/3217

* 9 7 9 8 3 5 3 1 7 9 5 7 3 *